VENÇA EM SILÊNCIO

DIEGO MENIN

COMO GANHAR BATALHAS SEM PRECISAR FALAR

VENÇA EM SILÊNCIO

Vida

É A SUA PRIMEIRA VEZ AQUI?

Eu fico muito feliz de poder lhe dar boas-vindas. Quero convidá-lo a conhecer mais do meu ministério e a se integrar comigo nas redes sociais e em tudo que Deus tem movimentado. Para isso, escaneie o QR Code, e vamos juntos nesta caminhada.

Diego Menin

www.diegomenin.com

DIEGO MENIN

Editora Vida
Rua Conde de Sarzedas, 246 — Liberdade
CEP 01512-070 — São Paulo, SP
Tel.: 0 xx 11 2618 7000
atendimento@editoravida.com.br
www.editoravida.com.br
@editora_vida /editoravida

Editora-chefe: Sarah Lucchini
Editor-responsável: Paulo Peres
Revisão: Rosalice Gualberto
Revisão de provas: Jacqueline Mattos
Ilustrações: Adobe Stock
Coordenadora de design gráfico: Claudia Fatel Lino
Projeto gráfico e diagramação: Philipe Santos
Capa: Vinícius Lira

VENÇA EM SILÊNCIO

Todas as citações bíblicas e de terceiros foram adaptadas segundo o Acordo Ortográfico da Língua Portuguesa, assinado em 1990, em vigor desde janeiro de 2009.

■

As opiniões expressas nesta obra refletem o ponto de vista de seus autores e não são necessariamente equivalentes às da Editora Vida ou de sua equipe editorial.

Todos os grifos são do autor, exceto os indicados.

1ª edição: set. 2024
1ª reimp.: out. 2024

Dados Internacionais de Catalogação na Publicação (CIP)
(Câmara Brasileira do Livro, SP, Brasil)

Menin, Diego
Vença em silêncio : como ganhar batalhas sem precisar falar / Diego Menin. -- São Paulo : Editora Vida, 2024.

ISBN 978-65-5584-562-4
e-ISBN 978-65-5584-542-6

1. Deus (Cristianismo) - Orações e devoções 2. Oração - Cristianismo I. Título.

24-220089 CDD-248.32

Índice para catálogo sistemático:

1. Oração : Prática religiosa : Cristianismo 248.32
Eliane de Freitas Leite - Bibliotecária - CRB 8/8415

SUMÁRIO

!!!

· CAPÍTULO 1 ·

A IMPORTÂNCIA DO SILÊNCIO

!!!

Nossa boca é um termômetro do nosso destino. Pessoas que vivem apavoradas, irritadas e descontroladas tendem a falar demais, e a prática de falar e se expor anestesia a alma. É como um desabafo ao acaso, ou seja, não resolve nada. Na Bíblia, percebemos que guerreiros de verdade falam pouco. Por exemplo, como Daniel inicia sua batalha? Com muitas palavras? Reuniões estratégicas? Não; ele chora e traz para si o fardo de seu povo — inclusive, está escrito que ele passa três semanas chorando (cf. Daniel 10.2).

Daniel assume o peso de uma nação à beira de grandes tribulações. Ao refletir sobre sua postura, compreendi que só lutamos realmente por aquilo que nos faz chorar. Quando algo nos comove a tal ponto, essa emoção se torna o motor que impulsiona nossa luta. Sem essa conexão, qualquer esforço parece superficial e desprovido de compromisso. Lutar pelos filhos sem derramar uma lágrima? Lutar por justiça sem sentir o peso da causa? Acredito ser, no mínimo, incoerente.

Às vezes, nossas orações não passam do teto porque, antes de orar, falhamos em entender a situação pela qual oramos. Precisamos nos colocar no lugar daqueles que sofrem; afinal a oração não é uma palavra solta ao vento. Pense, o que faz um homem chorar e jejuar por três semanas? A resposta está em permitir que sua alma seja inundada por dores e aflições. Daniel escreveu: "Não comi nada saboroso; carne e vinho nem provei; e não usei nenhuma essência aromática, até se passarem as três semanas" (Daniel 10.3). Foram 21 dias de luto, sem comida e qualquer contato social. Ele estava diante de uma batalha, e em batalhas, palavras devem dar lugar à ação.

Cada um de nós enfrenta suas próprias lutas, e quando alinhamos nossa vida com o propósito de Deus, o Céu responde. Existem coisas que somente o Senhor pode fazer. Por isso, desista de tentar ter o controle: certas situações são exclusivas do domínio divino. Podemos fazer de tudo, mas há momentos em que a intervenção divina é a única solução. Após dias sem nenhuma resposta, Daniel finalmente teve uma visão em que um anjo veio em sua direção. Sua descrição do anjo é magnífica:

> [...] um homem vestido de linho, com um cinto de ouro puríssimo na cintura. Seu corpo era como berilo, o rosto como relâmpago, os olhos como tochas acesas, os braços e pernas como o reflexo do bronze polido, e a sua voz era como o som de uma multidão **(Daniel 10.5-6)**.

Imagino que, no decorrer de sua luta, deva ter experimentado uma mistura de esperança e frustração. Talvez tenha até pensado: "Orei e jejuei, mas já são 21 dias de silêncio celestial". Contudo, Deus sempre responde; Daniel olha para cima e vê a manifestação divina. Dessa forma, a Palavra nos ensina que nossa perseverança nunca é em vão, e há um detalhe importante no texto. O versículo 7 do capítulo 10 afirma que, embora houvesse outras pessoas à margem do rio, somente Daniel teve a visão. Ou seja, Deus reservou sua glória para aquele que lutou, silenciou a boca e enfrentou a batalha certa. Enquanto ele contemplava a figura angelical, os outros sentiram a presença de alguém diferente no local, então, temeram e fugiram.

Gostaria de enfatizar que, ao travar a luta certa, Deus concederá discernimento a você. Foi assim com Saulo. Quando seu cavalo relincha na estrada de Damasco e ele cai no chão, alguns ao seu redor veem o raio e sentem o terremoto, mas afirmam ser coisa do demônio. Saulo não, ele sabia que era Jesus se revelando. Essa experiência nos ensina uma lição: se você não está engajado na luta, permaneça em silêncio. Evite ser um "jornalista do Inferno", que propaga manchetes sobre o que o Diabo ou as pessoas estão fazendo. Em vez disso, adote uma postura de oração. Pare de falar ou pensar demais e comece a lutar. Deixe de lado as ideias tolas e concentre-se na luta. Não em qualquer uma, mas a que o Senhor deseja que você trave.

O homem de Deus deve agir com fé. Infelizmente, o que vemos hoje em dia são pessoas altivas, cheias de respostas. Quase ninguém tem dúvida de nada — sabem o que fazer, como fazer e para onde ir. Com Daniel não foi assim. Quando todos tiveram medo e fugiram, ele permaneceu olhando para a visão. Foi quando ficou sem forças a ponto de desfalecer e, ao ouvir a voz do anjo, caiu desacordado no chão. Mas, após isso, veio o consolo:

> Em seguida, a mão de alguém tocou em mim e me pôs sobre as minhas mãos e os meus joelhos vacilantes. E ele disse: "Daniel, você é muito amado. Preste bem atenção ao que vou falar; levante-se, pois eu fui enviado a você". Quando ele me disse isso,

pus-me em pé, tremendo. E ele prosseguiu: "Não tenha medo, Daniel. Desde o primeiro dia em que você decidiu buscar entendimento e humilhar-se diante do seu Deus, suas palavras foram ouvidas, e eu vim em resposta a elas" **(Daniel 10.10-12)**.

Enquanto está caído no chão, Daniel ouve palavras doces e encorajadoras do representante divino e descobre que, desde o primeiro dia em que decidiu buscar ao Senhor, sua voz foi ouvida. Cada oração proferida, lágrima derramada, oferta de louvor e ato de fé são registrados no Céu. Nada é em vão. Todas as nossas iniciativas voltadas para o alto são reconhecidas por nosso Pai Celestial. Não subestime o que você tem feito e não menospreze sua oração, mesmo se ela for alvo de zombaria e incredulidade das pessoas, ou o cenário parecer não melhorar.

Se você tem chorado e dito: "Meu Deus, tenho todos os motivos do mundo para desistir e todo motivo para jogar tudo para o alto, mas escolho crer em ti", saiba que ele ouve sua súplica e vê sua humildade. O que para muitos parecerá ser o fim, para você será a palavra que tanto procura. Foi assim com Daniel; a resposta foi enviada. No entanto, o anjo não traz apenas uma mensagem, ele também abre a cortina de um universo que não estamos acostumados a ver e afirma que muitas das respostas divinas são mediadas. Ou seja, o Senhor frequentemente utiliza intermediários. No caso em questão, quem era o mediador? O anjo.

Deus moveu os céus e revelou um segundo mundo que para nós é desconhecido. Costumamos reagir ao mundo físico e às pessoas — brigamos, discutimos, apontamos o dedo uns para os outros e pensamos que o Reino Celestial se manifesta apenas no mundo físico. Contudo, Deus ergue as cortinas e expõe a existência de uma dimensão espiritual que é igualmente real, embora muitas vezes invisível aos nossos olhos. Enquanto falamos sem parar, reclamamos e deixamos de enfrentar a luta certa, existe um reino onde anjos e demônios estão em guerra. Quando oramos, uma batalha no mundo espiritual é travada.

Durante jejuns, ocorrem batalhas das quais não temos noção. Existem níveis espirituais em conflito — Deus envia seus anjos com respostas e demônios tentam impedir essas respostas nas regiões celestes. O que me chama atenção na história de Daniel é que, mesmo sem resposta, ele não foi desabafar com ninguém, mas continuou a lutar. Nós também somos chamados a lutar na oração. Como Paulo nos exorta em Efésios 6.12: “pois a nossa luta não é contra seres humanos, mas contra os poderes e autoridades, contra os dominadores deste mundo de trevas, contra as forças espirituais do mal nas regiões celestiais".

Novamente, existem coisas que só o Senhor pode realizar. Em situações desesperadoras, nas quais a cura parece impossível, ou em momentos críticos no trabalho, reconhecemos nossa limitação e a necessidade da ajuda divina. Nossa fé nos leva a dizer: "Só Deus pode fazer isso". Em casa, durante certas discussões intensas, não adianta argumentar; só Deus pode agir. Às vezes, ouviremos pessoas com o coração tão endurecido e cristalizado que nem valerá a pena falar nada. Nesses casos, só Deus pode agir para amolecer esses corações. Há lutas que só ele pode vencer. Identifique quais, cale-se e vá à batalha, da maneira certa.

"QUANDO ORAMOS, UMA BATALHA NO MUNDO ESPIRITUAL É TRAVADA."

O livro de Apocalipse está diretamente ligado às profecias das 70 semanas de Daniel. Os capítulos 11 e 12 de Daniel relatam a visão que Deus concedeu a ele, a qual revelou não só eventos da sua época, mas tudo o que acontecerá até o final dos tempos.

Nunca se esqueça, o Senhor sempre nos dá mais do que pedimos. No entanto, é importante lembrar que suas bênçãos muitas vezes chegam nos momentos em que estamos mais frágeis. Quando o anjo fala com Daniel, o profeta está enfraquecido. Afinal, era um idoso de 80 e poucos anos, que havia acabado de sair de 21 dias de jejum. O homem estava fisicamente esgotado, e sua fraqueza contrasta com a formosura do anjo.

Toda luta (batalha espiritual) arrancará algo de você. Muitos podem dizer: "Pastor, estou jejuando, orando e clamando, mas sinto um cansaço e uma pressão constantes". Isso é compreensível, pois quanto mais perto estiver da sua vitória, maior será a resistência do Inimigo. Mas o que podemos aprender com a passagem de Daniel 10? A primeira coisa é que somos amados no Céu. O anjo toca Daniel, põe-no sobre suas mãos e joelhos vacilantes e diz: "Você é um homem muito amado". Jamais se esqueça, você é amado pelo Senhor.

Três vezes o anjo diz a Daniel que ele é amado. Talvezvocê esteja pensando: "Será que minhas orações valeram a pena? Será que Deus está me ouvindo?". Deus está dizendo: "Desde o primeiro dia que você orou, ouvi sua voz. Você é amado aqui no Céu". Não sei de que amor ou afeto você tem corrido atrás, nem de quem você tem buscado atenção ou mendigado farelos da vida, mas seu Pai Celestial diz: "Você é muito amado por mim".

!!!

Desde o momento em que você entrega suas preocupações a ele, o Céu começa a se mover em seu favor. Deus não tem filhos prediletos. Ele ouve cada oração, independentemente de quem a faz. Seu amor não é diferente de uma pessoa para outra, e a Palavra nos promete que ele não muda (cf. Hebreus 13.8). O mesmo Deus que se manifestou em Daniel, também se manifesta hoje.

De volta ao texto, o anjo diz: "[...] Não tenha medo, Daniel. Desde o primeiro dia em que você decidiu buscar entendimento e humilhar-se diante do seu Deus, suas palavras foram ouvidas, e eu vim em resposta a elas" (Daniel 10.12). Como é que um homem não se levantaria do chão assim? Para começar, ele ouve que é amado. Em segundo lugar, descobre que suas palavras foram ouvidas. Depois, o mensageiro de Deus ainda revela o que acontecerá no futuro: "Agora vim explicar a você o que acontecerá ao seu povo no futuro, pois a visão se refere a uma época futura" (Daniel 10.14). Então, o anjo toca nos lábios de Daniel e devolve a ele força:

> O ser que parecia homem tocou em mim outra vez e me deu forças. Ele disse: "Não tenha medo, você, que é muito amado. Que a paz seja com você! Seja forte! Seja forte!" Ditas essas palavras, senti-me fortalecido e disse: "Fala, meu senhor, visto que me deste forças" **(Daniel 10.18-19).**

Observe que a expressão "seja forte" é repetida duas vezes no versículo. E o texto continua:

> Então ele me disse: "Você sabe por que vim? Tenho que voltar para lutar contra o príncipe da Pérsia e, logo que eu for, chegará o príncipe da Grécia; mas antes revelarei a você o que está escrito no Livro da Verdade. E nessa luta ninguém me ajuda contra eles, senão Miguel, o príncipe de vocês" **(Daniel 10.20-21).**

Existem lutas que serão travadas por Deus, mas o que moverá o Céu é a nossa luta na Terra. Sei que a ansiedade pode nos levar à imprudência e nos fazer falar demais ou agir de forma errada.

Precisamos lembrar que a precipitação precede o precipício; por isso, em vez de sucumbir a tais sentimentos, lute como Daniel. Persista, pois Deus irá até você. No dia em que estiver à beira do rio, olhando para as águas sem muita esperança, uma mão tocará em seu ombro. Deus lhe dará discernimento, quebrantará o seu coração e trará visão e resposta. Lute pela sua casa e ore com fervor, pois Deus ouvirá suas orações desde o primeiro dia. Vá até o fim, ciente de que a qualquer momento você poderá sentir as mãos de um anjo tocando em você.

Esse anjo de esplendor dirá que veio exclusivamente porque você orou. Imagine o poder dessa revelação: sua oração mobilizou forças celestiais. Você nem imagina o valor que tem. Em meio às lutas diárias, talvez você subestime a importância de sua existência, mas saiba que o Senhor o ama muito, e sua vida é preciosa aos olhos dele. A única coisa que ele espera é que você fale menos e lute mais. Ore e jejue mais. Tenha mais fome por Deus e busque-o de todo coração. Temos a promessa de que tudo é possível ao que crê. Portanto, pegue o seu maior impossível e entregue nas mãos do Altíssimo. Lembre-se, a verdadeira luta não é contra pessoas, nas redes sociais, com o vizinho ou em uma luta física, mas é a espiritual, como a que Daniel travou.

"Tenho medo do povo ser massacrado em Jerusalém. Nações vizinhas estão lutando contra nós, há uma pressão imensa", Daniel pensou. Diante de tudo isso, ele fecha a porta do quarto e se isola das pessoas. Ele não precisava fazer isso; era famoso, benquisto e próximo do rei. Mesmo assim, ele reconheceu: "Essa luta é demais pra mim". Você também pode estar sentindo que a luta que está enfrentando é difícil demais. Talvez esteja se perguntando se ainda há alegria em sua vida. Alguns até dizem que a alegria se foi.

No entanto, há alegria e paz para qualquer temporada, sim. Tenha esperança em voltar a desfrutar de alegria. Você só precisa fechar a boca e travar a luta certa. Apesar das dificuldades, ainda há motivo para proclamar: "Mil podem cair ao meu lado, dez mil à minha direita, mas eu não serei atingido. Luto, oro, choro e jejuo". Quantos são zombados pela família por orarem e, aparentemente, nada acontecer? Mas é necessário lembrar que a persistência na oração e na fé é recompensada. Quando menos se espera, o anjo pode tocar em seu ombro e dizer: "Vim aqui exclusivamente para lhe trazer uma resposta".

Minha reflexão para você — que está orando, clamando e chorando diante da pressão e perseguição — é a seguinte: desde o primeiro dia que você se propôs a orar, Deus tem ouvido. Você não imagina o quanto é amado. O Senhor trava uma guerra no Céu por sua causa. Demônios estão apavorados porque ele está enviando todo um exército em sua direção, e a resposta logo chegará. Deus não trará apenas a resposta do problema, mas também revelará outras coisas, preparará você para o futuro e superará todas as suas expectativas.

"PEGUE O SEU MAIOR IMPOSSÍVEL E ENTREGUE NAS MÃOS DO ALTÍSSIMO."

· CAPÍTULO 2 ·

PALAVRAS

Quando são muitas as palavras, o pecado está presente, mas quem controla a língua é sensato (**Provérbios 10.19**).

Se há algo importante para qualquer pessoa é saber controlar as palavras. Embora seja difícil, essa prática é uma bênção. Salomão está falando sobre aqueles que não conseguem dominar a boca: os faladores de plantão, que falam o tempo inteiro, emendam assuntos sem fim e sempre caçam assuntos para comentar. Como lemos: "Quando são muitas as palavras, o pecado está presente [...]", ou seja, quem fala demais, acaba pecando.

Controlar a língua é essencial para alcançar sucesso na vida. Falar demais, por outro lado, pode levar à falta de respeito e irrelevância. Imagine uma mãe que precisa repetir a mesma instrução dez vezes para ser ouvida pelo filho. Por que isso acontece? Porque ela fala tanto que a criança deixa de prestar atenção. Da mesma forma, um pai que precisa repetir vinte vezes a mesma coisa para que seu filho tome uma atitude também sofre desse excesso de palavras. Abordar todos os assuntos da mesma maneira e dar a mesma importância a tudo dilui a mensagem e diminui a eficácia da comunicação.

Quem exagera nas palavras não é respeitado, pois o respeito vem do equilíbrio entre falar e ouvir. Sei que sou um cristão e serei odiado; o Evangelho afirma que aqueles que servem a Deus serão perseguidos. No entanto, há uma diferença entre ser odiado pelo Diabo e ser odiado pelas pessoas. Pessoas que falam demais despertam ódio nos outros e, frequentemente, encontram-se envolvidas em confusões. Por que não optar pelo silêncio? Dizem o que pensam de maneira impulsiva e ainda roubam o precioso tempo dos outros com conversas fúteis e desnecessárias.

"PESSOAS QUE FALAM DEMAIS DESPERTAM ÓDIO NOS OUTROS."

A Bíblia aborda a importância do silêncio de uma forma bastante pontual. Muitas vezes, preocupamo-nos com o Diabo e tantas outras questões, mas negligenciamos o estrago que nós mesmos causamos por não saber fechar a boca. As palavras detêm um poder incalculável. Não temos noção do impacto que podem ter na vida de alguém, e não adianta depois dizer que “estava brincando” ou “não era bem assim”.

Precisamos aprender a controlar o que falamos, especialmente quando estamos irritados. Se falarmos em momentos de irritação, acabaremos dizendo bobagens. Quantos estragos já fizemos ao abrir a boca sem pensar, quando estávamos irritados? Quantas oportunidades perdemos e com quantas pessoas maravilhosas deixamos de conviver porque não soubemos nos calar? A emoção pode causar estragos quando falamos impulsivamente. No dia seguinte, ao acordarmos, perguntamos a nós mesmos o que fizemos e dissemos. No entanto, já é tarde demais: a palavra não volta.

Também precisamos aprender a ficar quietos quando estamos tristes ou deprimidos, pois tais sentimentos nos fazem sentir pena de nós mesmos, apesar de essa autocomiseração não refletir a realidade. Permaneça em silêncio. Lembre-se, na multidão de palavras há pecado. Um desabafo descontrolado em momentos de tristeza e dor pode magoar o Espírito Santo, afastar-nos de Deus e nos afundar ainda mais em nosso sofrimento.

Não diga que você nunca teve vontade de xingar alguém. Se nunca sentiu esse desejo, a carruagem de fogo buscará você agora, pois tal domínio sobre as emoções é quase angelical. Todos nós já tivemos essa vontade em algum momento, mas é preciso fechar a boca. Uma resposta ríspida pode machucar profundamente alguém e deixar marcas duradouras. Além disso, devemos silenciar nossa boca quando decidimos criticar alguém ou falar mal da vida dos outros. Afinal Deus não fala mal de ninguém. Dizemos que não estamos falando mal das pessoas, mas apenas fazendo uma crítica construtiva. Porém, isso não passa de uma desculpa para espalhar negatividade. Se temos uma crítica, de fato, construtiva, o certo é falar diretamente com a pessoa em questão, e não com terceiros.

Temos que permanecer em silêncio quando ninguém pede nossa opinião. Se ninguém a pediu, por que oferecê-la? Esperar que alguém peça sua opinião antes de falar é uma demonstração de respeito e consideração. Pessoas mal-educadas se comprometem desnecessariamente porque abrem a boca sem serem solicitadas. Da mesma forma, precisamos aprender a ficar quietos quando não temos certeza do que estamos falando. Quando um boato chega até nós, é fácil começar a comunicá-lo como se fosse verdade. Depois, acabamos parecendo tolos quando a verdade vem à tona. Já basta o Diabo querendo nos destruir 24 horas por dia, por que continuar criando problemas para nós mesmos por causa da nossa boca?

> "UMA RESPOSTA RÍSPIDA PODE MACHUCAR PROFUNDAMENTE ALGUÉM E DEIXAR MARCAS DURADOURAS."

Como está escrito em Eclesiastes 3.7, há "[...] tempo de calar e tempo de falar". Existem momentos apropriados para abrir a boca e expressar o que pensamos, assim como momentos em que devemos ficar em silêncio. Controlar a boca, nessas circunstâncias, é uma verdadeira bênção. Se não fizermos isso, nosso temperamento — que convenhamos, não é confiável — nos dominará.

Nós, por natureza, não somos confiáveis. Ou calo minha boca e deixo Deus falar por mim ou corro o risco de estragar minha vida. Casamentos são destruídos e carreiras promissoras são arruinadas devido ao mau uso das palavras. Hoje, parece que o silêncio é visto como algo ofensivo. Você já notou como as pessoas reagem quando alguém decide ser mais reservado? Alguém diz: "Ficarei mais na minha", e logo todo mundo acha esquisito. Comentam: "Você está estranho. Não está falando mais com ninguém. Está só na sua". Na verdade, isso deveria ser um motivo de celebração. Glória a Deus que a pessoa está "estranha". Ela só fala quando necessário e prefere o silêncio. Quando alguém tenta preencher todos os momentos com conversa, acaba falando bobagem. A sociedade moderna não quer ninguém discreto, mas precisamos aprender a valorizar a vida reservada.

Na multidão de palavras, há pecado. Não podemos falar pela carne e dizer o que não edifica. Não adianta lutarmos pela paz em casa e por uma vida ministerial estruturada se não sabemos controlar nossa boca. Chorar e ficar fazendo papel de vítima também não resolve nada. Perguntar: "Senhor, por que sou perseguido?", "Por que ninguém tem paciência comigo?", "Por que todos olham para mim desse jeito?" não trará respostas se a raiz do problema for nossa boca. Evite ser um falador, que diz o que não precisa ser dito. Não se ajunte com o ímpio para falar o que não deve.

O que realmente traz conforto é o silêncio. O que faz você dormir bem à noite? Um quarto silencioso, não? Há tanto barulho em nossa vida: conversas, assuntos, comentários, sem contar a correria do cotidiano. Quem fala muito não é sábio. E o pior é quando, além de não ficar quieta, a pessoa repete a mesma coisa o tempo inteiro; parece uma vitrola riscada. Repetições constantes e desnecessárias fazem com que as pessoas ao nosso redor parem de nos ouvir e, eventualmente, percam o respeito por nossas palavras.

Em Salmos 141.3, está escrito: "Coloca, Senhor, uma guarda à minha boca; vigia a porta de meus lábios". Veja o tipo de oração que o salmista faz. Temos que orar por isso também, "Senhor, faça a dentadura cair do copo quando eu começar a falar bobagem. Faça o pivô cair, Senhor. Faça a língua tremer. Dê câibra no maxilar; faça qualquer coisa, mas coloque um guarda em minha boca. Não posso ser essa pessoa que não sabe se calar".

Olhamos para as pessoas e julgamos sua aparência, "Aquele ali fez tatuagem, é ímpio. Olha o cabelo da irmã. Deus me livre. Nossa, aquela ali troca de namorado como quem troca de roupa". Mas será que é assim que devemos identificar o justo e o ímpio? A Bíblia nos ensina algo diferente. Não é pela roupa ou cor do cabelo. É pela boca: "A boca do justo é fonte de vida, mas a boca dos ímpios abriga a violência" (Provérbios 10.11). De fato, são pelas palavras que sabemos quem é justo e quem é ímpio. A conversão a Deus se manifesta pela boca. As palavras que uma pessoa usa e a maneira como fala dizem se ela realmente se converteu ou não. Posso carregar a Bíblia debaixo do braço, servir na igreja, ter sido batizado e sorrir, mas se a minha boca não é uma fonte de vida, não sou convertido.

"NA MULTIDÃO DE PALAVRAS, HÁ PECADO."

Após conversar com uma pessoa que está afastada da igreja, ela sente vontade de voltar ou de continuar fora? No versículo que acabamos de ler, Salomão está dizendo que a boca do justo traz vida, paz e palavras que vivificam, enquanto a do ímpio é violenta, fere e agride. Não adianta termos a aparência de crentes, ocuparmos posições na igreja e carregarmos um "crachá" se nossa boca é cruel e ofensiva. O mesmo Salomão nos lembra "Há palavras que ferem como espada, mas a língua dos sábios traz a cura" (Provérbios 12.18).

Prefiro tomar um tapa na cara a ouvir algumas coisas. O tapa e o hematoma passam, mas as palavras não voltam. Jesus resgata e dá a vida às pessoas, mas muitas vezes, ao chegarem à igreja, elas encontram crentes com bocas violentas. A língua do sábio traz o quê? Cura. Precisamos nos perguntar: quando falo, curo ou machuco? Nossas palavras têm mais poder do que imaginamos. Por isso, Salomão escreveu: "A língua tem poder sobre a vida e sobre a morte; os que gostam de usá-la comerão do seu fruto" (Provérbios 18.21). O que eu falo determina se vivo ou morro.

Salomão também afirma em Provérbios 13.2: "Do fruto de sua boca o homem desfruta coisas boas, mas o que os infiéis desejam é violência". Ou seja, se minha boca produz coisas boas, comerei frutos bons. Mas se falar coisas ruins, colherei violência e infidelidade. Assim, aprendi que pessoas sábias amam o silêncio e são mais seletivas com suas palavras. Portas espirituais se abrem quando fecho minha boca. Milagres são gerados quando me calo, independentemente do que esteja sentindo. Lembre-se, "quem tem conhecimento é comedido no falar, e quem tem entendimento é de espírito sereno" (Provérbios 17.27).

O que Salomão está dizendo? Pessoas inteligentes falam pouco; se inteligentes falam pouco, quem fala muito é o que? A resposta é óbvia.

"Pastor, não posso falar nunca?". Pode, mas na hora certa e do jeito certo. Esse é um dos grandes problemas no casamento, por exemplo. Imagine que o marido esteja falando algo com razão, mas a maneira como trata a esposa a machuca. Mesmo sem usar um palavrão, um tom agressivo ou desrespeitoso pode causar dor. Desse modo, ela não o ouvirá. Não adianta abrir a boca na hora certa e não saber falar. Salomão nos lembra: "A língua dos sábios torna atraente o conhecimento, mas a boca dos tolos derrama insensatez" (Provérbios 15.2). O maior problema das pessoas é que elas não sabem se calar.

Além disso, não sabem falar. É inútil você ser firme em seus direitos ao conversar, se não tiver sensibilidade em relação a quem está falando e sobre o que está falando. Deus abre portas quando fechamos a boca. Aprendemos a vencer batalhas quando nos calamos e escutamos mais. Se pegar o aplicativo *Waze* e calcular a distância do Egito até Canaã, você verá que o caminho leva cerca de sete horas de carro. No entanto, o povo hebreu demorou 40 anos para completar o trajeto. Por quê? Não sabiam fechar a boca. Estavam com fome e sede, reclamavam; estavam enjoados do maná, reclamavam. Precisaram de 40 anos no deserto para aprenderem a ficar quietos.

Aprenda a se calar e pare de julgar os outros, apontar o dedo, falar da vida alheia e se comprometer com assuntos que não dizem respeito a você. Muitas pessoas acabam enroscadas em questões que nem são delas; depois, precisam pedir desculpas e se retratarem por coisas que nem têm nada a ver consigo. Isso acontece porque se envolvem em conversas que não deveriam. Aprenda a controlar sua língua e a direcionar sua energia para o que agrega vida e valor. Quando nos calamos, Deus nos honra e nos coloca nos lugares certos.

"PESSOAS SÁBIAS AMAM O SILÊNCIO E SÃO MAIS SELETIVAS COM SUAS PALAVRAS."

Devemos abrir a boca para fazer pessoas se apaixonarem por Jesus e para falar do Reino de Deus. Entenda uma coisa, certas questões não foram culpa do Diabo, mas de nossas próprias palavras.

Em determinados momentos, enfrentaremos situações assustadoras, mas ainda assim teremos que nos calar. Pessoas trairão nossa confiança, outras falarão mal de nós, mas teremos que nos calar. Por quê? Porque somos diferentes e nossas palavras devem trazer vida, em vez de morte.

Não permita que sua boca o afaste do plano de Deus. Na sensatez e no silêncio está a vida. Deixe de querer fazer tantas bobagens e remendos; somente assim voltará a ser respeitado onde estiver. Quando queremos fofocar, procuramos alguém que não para de falar. Mas quando buscamos um conselho de verdade, procuramos pessoas sábias. Elas são reservadas e seu tempo é valioso demais para ser desperdiçado com coisas inúteis. Em contraste, aqueles que não controlam suas línguas estão sempre à disposição. Você deseja ser fofoqueiro ou sábio? Sua vida e morte dependem de suas palavras. Lembre-se, é tempo de fechar a boca.

− = +

· CAPÍTULO 3 ·

FALE MENOS, OUÇA MAIS

− = +

[...] tenham isto em mente: sejam todos prontos para ouvir, tardios para falar e tardios para irar-se **(Tiago 1.19)**.

Esse versículo nos traz uma reflexão sobre diferentes velocidades que devemos incorporar em nossas atitudes. Tiago nos instrui a sermos prontos para ouvir, mas tardios para nos irarmos. Ele propõe uma organização sobre como devemos lidar com nossas interações cotidianas: rapidez para ouvir e lentidão para falar ou se irar. A comunicação segue a mesma lógica. Hoje, ela é uma das ferramentas mais importantes que temos, talvez a mais utilizada. Comunicamo-nos o tempo todo, seja de forma virtual ou presencial, e sabemos os efeitos que uma comunicação ruim pode ter.

Você já brincou de telefone sem fio na infância? O primeiro da fila recebe uma informação, que ao ser passada adiante, sofre um acréscimo ou distorção. É engraçado observar como a informação começa e termina. Apesar de ser uma brincadeira, a dinâmica ilustra bem o que ocorre na vida real. As consequências de qualquer alteração em uma mensagem podem ser graves. Reputações acabam, histórias terminam de forma abrupta e pessoas perdem tudo. Isso acontece porque temos uma grande dificuldade em nos comunicar com Deus, com as pessoas e até mesmo conosco.

Diante da recomendação de Tiago, quão rápido você é para ouvir? Quando você conversa com as pessoas, elas olham nos seus olhos? Após cinco minutos, elas ainda se lembram do que estavam falando? E quão lento você é para falar? Consegue permanecer em silêncio? Consegue fechar a boca quando não tem o que dizer? Da boca emanam vida e morte, e não pense que é apenas uma questão de técnica de comunicação; o Céu e o Inferno reagem às nossas palavras. Jesus ensinou que tudo o que ligamos na Terra, é ligado no Céu (cf. Mateus 18.18). Talvez você não leve a sério o que ouve, vê e fala, mas Deus e o Inferno levam.

Quão rápido você é para se irar? Muitas pessoas fizeram bobagens irreparáveis porque deixaram a ira tomar conta de suas vidas. Desistiram quando não queriam realmente desistir. Brigaram com pessoas e, depois, perguntaram a si mesmas o porquê daquele ato impulsivo. A ira tira a capacidade de raciocínio, e após o estrago estar feito, não adianta dizer: “Não era bem isso que queria fazer ou dizer”. Como resultado, a pessoa se vê presa em uma vida interna de melancolia e arrependimento e, em certos casos, passa anos sentada em um sofá, lamentando-se e querendo voltar no tempo. Só que não se pode desfazer o que foi feito, e sofrer pelo que você fez ontem é um desperdício de tempo; afinal não muda nada.

> **“DA BOCA EMANAM VIDA E MORTE, E NÃO PENSE QUE É APENAS UMA QUESTÃO DE TÉCNICA DE COMUNICAÇÃO.”**

No livro de Salmos, aparece frequentemente a palavra “*Selá*”, que significa “pausa”. É como se o salmista quisesse que houvesse uma pausa entre um versículo e outro. É literalmente um “Pare um pouco. Respire. Não leia a outra estrofe agora”.

A vida deveria ser como um salmo. Precisamos aprender a fazer pausas. Sei que para alguns, isso é assustador, mas as pausas e os momentos de silêncio são necessários. Certas orações e momentos com Deus devem ser silenciosos.

Às vezes, parece que não falar nada é uma derrota e não se posicionar, um fardo. Como se tivéssemos a obrigação de nos posicionarmos o tempo todo. No entanto, o salmista diz "*Selá*". Se não fosse importante, não estaria na Bíblia. Ou seja, existem momentos em que temos que parar e refletir. É o que Tiago também está dizendo. Qual é o ritmo da sua vida? E o da sua boca e ouvido? Por que a necessidade de preencher tudo com palavras? Tornamo-nos pessoas barulhentas, cercadas por ruídos e agitações o tempo todo. Parece ser assustador e apavorante não falar. Por alguma razão, o silêncio se tornou algo que não suportamos, a ponto de estranharmos quando alguém fica em silêncio perto de nós.

"A VIDA DEVERIA SER COMO UM SALMO. PRECISAMOS APRENDER A FAZER PAUSAS."

"Fala alguma coisa. Reage. Você está tão calado hoje". Não é assim que costumamos falar para as pessoas? É como se ficar calado fosse um absurdo ou até pecado. Pensamos: "Essa pessoa está com problema. Deveria estar falando mais". É assim que a vida nos ensinou. Até parece que falar bastante é sinônimo de viver. Mas cadê as pausas? O ato de ouvir a Deus tem tudo a ver com o conceito de "*Selá*". Para escutarmos sua voz, precisamos dar espaço para que ele fale conosco. Infelizmente, alguns não conseguem perceber os gritos à sua volta porque não param para ouvir.

Às vezes, vemos crianças na barra da saia da mãe ou na calça do pai dizendo: "Mamãe, papai". Algumas ficam minutos tentando chamar a atenção dos dois, mas como estão entretidos em conversas, não se dão conta de que alguém os está chamando. Assim é a vida. Existem horas em que o barulho que fazemos nos impede de ouvir os gritos do nosso casamento em crise, por exemplo. Corremos, gritamos, resolvemos problemas e nos estressamos. E, no meio de todo esse caos, não percebemos que nossa vida espiritual está agonizando. Como me preocupo demais com a vida alheia, não consigo perceber que minha carreira profissional está gritando por uma atualização.

É impossível ouvir e falar ao mesmo tempo. Quando focamos apenas em nossa própria voz, os gritos de todas as áreas que requerem nossa atenção são ignorados. Só notamos tais áreas da vida quando acabam morrendo. Então, dizemos: "Meu Deus, como não percebi isso antes? Como não percebi que minha casa, família e filhos se perderam?". Quantos pais só percebem que os filhos estão usando drogas quando já é tarde demais? Quantas pessoas só lutam pelo seu casamento quando não tem mais jeito? Quantos só percebem que estão à beira de cometer uma loucura quando já estão no limite? Não param para ouvir o grito daquilo que está clamando por atenção.

"PARA ESCUTARMOS SUA VOZ, PRECISAMOS DAR ESPAÇO PARA QUE ELE FALE CONOSCO."

Quando você não ouve, tem dificuldade em seu aprendizado. Deixar de ouvir significa deixa de aprender muitas coisas. Paulo escreveu em Filipenses 4.11: "Não estou dizendo isso porque esteja necessitado, pois aprendi a adaptar-me a toda e qualquer circunstância". A palavra-chave aqui é "aprendi". Se ele aprendeu, é porque alguém o ensinou. No versículo 13, ele afirma: "tudo posso naquele que me fortalece". É inspirador ver Paulo dizendo que sabe enfrentar todas as situações. Ele sabia agir com maturidade tanto na escassez quanto na abundância. No entanto, ele não nasceu com essa capacidade.

Paulo escreveu que aprendeu; ou seja, teve que ouvir, parar, ficar em silêncio e entender como poderia se adaptar a tudo. É um absurdo a quantidade de palavras que a gente pronuncia ao longo de um dia. É impressionante a quantidade de vezes que falamos. A todo momento, queremos expressar o que achamos de ruim ou bom. Tentamos adivinhar o futuro com frases como "Isso dará certo e isso, errado". Como é apavorante perceber que passamos um dia inteiro falando, opinando e determinando em vez de ouvirmos. E se lançarmos palavras de forma irresponsável?

Tiago nos aconselha a sermos tardios no falar e prontos para ouvir. Quanto maior o número de palavras que saem da sua boca, menos peso elas têm. Pessoas que falam muito são menos ouvidas. Pessoas que falam pouco, quando falam, transmitem autoridade com suas palavras. O problema de muitos, quanto a serem respeitados, é achar que as pessoas gostarão deles pela quantidade do que falam. É fácil ser um bom animador de rodas de conversa ou o "chaveirinho" da turma do futebol, mas quando surgem conversas sérias, essas mesmas pessoas não são chamadas para participar. Contudo, quando você fala com sabedoria, é respeitado e ouvido.

Talvez seus filhos não lhe deem atenção, seu casamento esteja em crise e seu chefe lhe tenha cortado de algumas reuniões porque você fala demais e dá o mesmo valor a todas as questões. Existem pessoas que falam pouco, mas quando o fazem expandem horizontes, apresentam alternativas e trazem luz para dias escuros. Compreendem que existe um peso sobre cada palavra que proferem. Portanto, seja vagaroso no falar. O mesmo vale para a raiva. Cuidado com a rapidez de suas reações. Você pode estragar uma obra de Deus com uma palavra dita no calor do momento. Depois, dirá: "Não deveria ter feito aquilo, posicionando-me daquele jeito, tomado aquela decisão ou discutido".

Qual é o desafio que a Bíblia tem para nós? Será que precisamos esperar até os 80 anos para, finalmente, dar valor à importância de falar pouco? Será que temos que ter rugas e não conseguir mais correr para entender essa lição? Não é possível provar essa sabedoria na juventude, enquanto ainda temos vigor para subir, descer, correr e tomar decisões? Esperar que a ficha só caia quando nosso corpo físico estiver debilitado é uma escolha tola.

Tiago aborda a importância de saber falar menos e ouvir mais; o salmista, por sua vez, aconselha-nos a fazermos pausas e buscarmos comedimento. Deus ama o equilíbrio. Para ouvir a voz do Céu, é preciso tê-lo. Há quem pense que jogar a Bíblia no chão, abrir de modo aleatório e esperar uma mensagem de Deus seja uma forma válida de buscar orientação. Porém, Deus não trabalha assim. Quem tem domínio próprio, não tem urgência; sabe dar uma pausa e esperar. Devemos lembrar que ninguém nasce e morre sem a permissão do Senhor.

Marta e Maria, aflitas com a doença de seu irmão Lázaro, mandaram um recado urgente para Jesus dizendo "[...] Senhor, seu amigo querido está muito doente" (João 11.3, NVT). Mesmo assim, ele demorou quatro dias para chegar ao local. Quando finalmente chegou, Lázaro já estava sepultado há quatro dias. As irmãs estavam desesperadas. Por quê? Queriam uma resposta rápida, uma intervenção imediata. Essa situação nos lembra de como, muitas vezes, desejamos respostas instantâneas para nossas orações. No entanto, a demora de Jesus tinha um propósito maior.

Em Efésios 4.1 (NAA), Paulo escreveu: "Por isso eu, o prisioneiro no Senhor, peço que vocês vivam de maneira digna da vocação a que foram chamados". O adjetivo "digna", no original, significa "equilíbrio". Ele estava querendo dizer: "peço que vocês vivam vossa vocação de maneira equilibrada". É para isso que fomos chamados. No Velho Testamento, Deus nos alerta sobre o perigo do desequilíbrio várias vezes. Fingir ter moderação, quando, na verdade, vivemos em excessos, é uma forma de desonestidade. Salomão fala sobre essa questão em Provérbios 11.1 (NVT): "O uso de balanças desonestas é detestável para o Senhor, mas ele se alegra com pesos exatos". Mas o que é uma balança desonesta? É aquela que atribui mais peso a algo que não tem. E o que seria o peso exato? Equilíbrio. Deus repudia tanto o que fala demais quanto o que se recusa a ouvir, mas tem prazer naquele que tem peso justo.

Esse pertence a Deus; o desequilíbrio é uma marca do Diabo. Satanás é um desequilibrado que cria a ilusão de que pode ser maior do que Deus. Ele causou a rebelião e a queda de mais de um terço dos anjos. É o desequilíbrio que nos leva a querer ser o que não podemos ser ou a desejar coisas que não podemos ter. Quando vivemos assim, ignoramos o que é realmente relevante e aceitamos o que é superficial e sem valor. Jogamos fora o ouro que Deus nos oferece e enchemos nossa casa de latas velhas.

Em 1Coríntios 9.25, Paulo afirma: "Todos os que competem nos jogos se submetem a um treinamento rigoroso, para obter uma coroa que logo perece; mas nós o fazemos para ganhar uma coroa que dura para sempre". Em outras palavras, Paulo está dizendo que a vida cristã requer disciplina e autocontrole, semelhante ao treinamento rigoroso de um atleta que se esforça para ganhar um prêmio. Muitas vezes, devido à pressão de dar opinião ou de falar sobre assuntos que não conhecemos bem, chegamos a voltar atrás e a afirmar: "Não era bem isso que quis dizer". Em muitos casos, acabamos dizendo: "Desisti, mas dá pra voltar atrás". Assinamos e rompemos contratos; abrimos e fechamos empresas. A pausa parece algo absurdo para nós.

No entanto, Paulo está falando: "Sei que é difícil ouvir mais e falar menos. Mas assim como um atleta se dedica, treina, muda a alimentação, os hábitos de dormir e a rotina a fim de conquistar uma medalha, vocês precisam se esforçar para ter uma vida incorruptível ao lado de Cristo. Lutem e se organizem". Muitas vezes, o problema não é o Diabo, mas nossa incapacidade de parar e ouvir a voz de Deus.

Aliás, temos a Palavra do Senhor, que sempre nos levará ao equilíbrio.

Quando se trata de roupas, por exemplo; qual é o termo que a Bíblia usa? "Moderação". Somos orientados a nos vestir de forma moderada. E o que seria a moderação? Equilíbrio. Da mesma forma, quando falamos, devemos falar de forma equilibrada. É importante observar se somos os únicos a falar e se nossa opinião é a única que consideramos válida. Não é possível aprender falando. Deus tem tantas coisas lindas para nós, mas, primeiro, precisamos fechar a boca e parar de dar opinião ou tentar desvendar o que está por vir. Não adianta ficar rolando na cama a noite inteira em busca de uma explicação que acalme nosso coração. Não há como prever o futuro; mas podemos encontrar consolo em 2Coríntios 3.2-3:

> Vocês mesmos são a nossa carta, escrita em nosso coração, conhecida e lida por todos. Vocês demonstram que são uma carta de Cristo, resultado do nosso ministério, escrita não com tinta, mas com o Espírito do Deus vivo; não em tábuas de pedra, mas em tábuas de corações humanos.

O que Paulo está nos ensinando? As pessoas conhecerão o Evangelho por meio de nossa vida. A Bíblia agora não é mais escrita com tinta, mas com sangue. Portanto, quando pessoas nos olham, que tipo de mensagem elas leem? Quais são as manchetes da nossa vida? Será que nossas paixões são moldadas pelo equilíbrio ou desequilíbrio? Nossas decisões, a maneira como ouvimos e nos expressamos, são influenciadas por ruídos e barulhos? São frutos de conversas desequilibradas, sem pé nem cabeça?

Nossa vida é curta demais e cada um tem algo a oferecer. É sua responsabilidade cuidar da sua vida, legado e família. Pense, por que pessoas fazem protesto e vão às ruas? Porque querem ser ouvidas. Quando enfrentamos injustiças, sentimos a necessidade de gritar bem alto para chamar atenção de quem pode, de fato, mudar nossa situação. É por isso que se protesta por política e direitos. No entanto, quando se trata da nossa relação com o Senhor, não é preciso protestar. Deus conhece nossas necessidades e ouve nossas súplicas sem que precisemos gritar.

"NÃO É POSSÍVEL APRENDER FALANDO."

Deus não é surdo. Ele sabe exatamente do que você precisa. Lembre-se, o silêncio é uma boa resposta, especialmente para Satanás. Em certas situações, o silêncio pode fazer mais barulho do que uma falação ou gritaria. Ele diz muita coisa; sobre fé, confiança e autocontrole. Temos dificuldade de ouvir, por isso lutamos contra o que não deveríamos. Salmos 127.1 diz o seguinte: "Se não for o Senhor o construtor da casa, será inútil trabalhar na construção. Se não é o Senhor que vigia a cidade, será inútil a sentinela montar guarda". Em outras palavras: o progresso da casa — ou seja, o progresso da vida —, não depende do nosso esforço, mas do que o Senhor faz por nós.

Todos nós trabalhamos por nossas famílias, vida pessoal, profissional e ministério. Trabalhar é ótimo e necessário, mas se o Senhor não edificar, todo o trabalho é inútil. Todo o avanço na fé não se dá pelo que fazemos, mas pelo descanso. Já dizia Davi: "Entregue o seu caminho ao Senhor; confie nele, e ele agirá" (Salmos 37.5). Você não perceberá o trabalho do Céu se estiver vivendo como um doido. Tampouco se ficar lutando desesperadamente por aceitação ou perfeição. Assim, abafaremos a voz de Deus. Se é você quem determina tudo, o Céu não lutará. Se você é obcecado por qualquer coisa — uma pessoa, um emprego, um exercício, um corpo físico ou dinheiro —, lutará o tempo todo, pois sempre pensará: "Não posso falhar". O Céu só trabalhará quando você parar.

Pessoas obcecadas são desequilibradas. Só conseguem enxergar aquilo que preenche a sua obsessão e sua mente. Esse foco obsessivo as impede de ouvir o Céu e, principalmente, de confiar em Deus. A obsessão rouba o sossego e a tranquilidade, dois elementos que caminham juntos. Se você não tem sossego, não tem tranquilidade, e vice-versa. A primeira coisa que alguém desequilibrado perde é exatamente essa paz interior.

"SE É VOCÊ QUEM DETERMINA TUDO, O CÉU NÃO LUTARÁ."

Existem horas em que absorvemos tanto lixo, trauma, culpas e bobagens, que perdemos nosso centro. Mas se nós vivermos de forma equilibrada, nossos gostos também serão o serão. Muitas de nossas inseguranças em relação ao futuro são resultado da pressa desnecessária que colocamos em nossa alma. Deus nos orienta a estarmos prontos para ouvir, mas tardios para falar. Se não temos nada para dizer, é melhor ficarmos quietos. Ao fazer isso, a segurança voltará e arrancará de nós a arrogância e o orgulho que o desequilíbrio gerou.

Jesus disse em João 10.27: "As minhas ovelhas ouvem a minha voz; eu as conheço, e elas me seguem". Todos nós temos duas orelhas e uma boca, mas somente aqueles que conseguem fechar a boca e ouvir podem seguir alguém. Há quanto tempo você não ouve Cristo porque não conseguiu parar para dar atenção a ele? Não estou falando de frequentar um culto em uma igreja, mas de parar para ouvir a voz do Senhor.

Existe uma diferença enorme entre ouvir e escutar. Você pode chamar alguém várias vezes; essa pessoa pode ouvir sua voz, mas não escutá-la de verdade. Ela ouve, mas não presta atenção. Da mesma forma, você pode ouvir Deus e não o escutar. Portanto, se você não tem o que falar, fique quieto. Não permita que ninguém pressione você a fazer nada. Se não está seguro sobre o que fazer, não faça. Ouça Deus e quando ele o tocar, o equilíbrio virá. Você só aprenderá a derrubar gigantes quando aprender a ouvir de verdade. Esqueça a insegurança, a covardia, o perfeccionismo e a obsessão; tudo isso é gerado por uma pessoa falastrona. Ouça o que Deus tem para sua vida.

· CAPÍTULO 4 ·

FALE MENOS, LUTE MAIS

Todos viveram uma época estranha durante a pandemia. É maravilhoso ficar em casa, mas tudo o que é feito de maneira impositiva é terrível. Lembro-me de que, durante aqueles anos, o sentimento predominante foi o da solidão. O isolamento social revelou, de forma crua e escancarada, a dificuldade das pessoas em lidar com a solidão. Como resultado, muitos comeram de forma demasiada, fizeram bobagens, buscaram migalhas de atenção e se rebaixaram a níveis abaixo de zero para sentir algum tipo de conexão humana. Sem mencionar a deterioração da fé cristã.

Ficar sozinho nunca é bom, mas existe uma opção melhor: a solitude. Deus deseja que saiamos do estado de solidão para essa experiência enriquecedora. Em Salmos 27.10, está escrito: "Ainda que me abandonem pai e mãe, o Senhor me acolherá".

A relação familiar — seja entre esposo e esposa, irmãos, pai e filho ou mãe e filha — é uma das conexões mais poderosas que existem. No entanto, o salmista reconhece que até essas relações podem falhar. Creio que suas palavras são um lembrete de que a solidão é um dos maiores medos do ser humano. Muitas pessoas temem a ideia de ficar sozinhas. Basta reparar que, normalmente, ao ver alguém sozinho, a primeira sensação que temos é de pena e piedade.

Em asilos ou orfanatos, por exemplo, a ruptura de laços familiares é evidente. Sentimos pena, "Tadinha daquela criança; tadinho daquele idoso". A solidão dói mesmo e, por mais fortes que sejamos, não temos como negar isso. Por conta desse medo hediondo, pessoas tentam de todas as formas se ocupar, além de se aproximarem e tolerarem indivíduos dos quais sabem que deveriam se afastar.

Podemos até nos casar com alguém que não amamos ou fazer alianças com pessoas que sabemos não ser o melhor de Deus para nós por medo de ficarmos sozinhos. Participamos de uma congregação sem realmente entender o que significa ser igreja. Contudo, como você se sentiu quando a igreja fechou durante o isolamento? Como foi não poder mais conversar após o término do culto?

Em Gênesis 2.18, a Bíblia afirma que a solidão não é boa: “Então o Senhor Deus declarou: ‘Não é bom que o homem esteja só; farei para ele alguém que o auxilie e lhe corresponda’”. Com isso, Deus quis dizer que o ser humano não deve viver isolado. Porém, esse é um dos nossos problemas contemporâneos: não temos filtro nem critério nenhum quando não queremos ficar sozinhos. Não entendemos que vencer a solidão a qualquer custo também é tão prejudicial quanto permanecer sozinho. Deus disse que não era bom o homem estar só; como resultado, ele mesmo criou e selecionou alguém para preencher o vazio de Adão.

“VENCER A SOLIDÃO A QUALQUER CUSTO TAMBÉM É TÃO PREJUDICIAL QUANTO PERMANECER SOZINHO.”

Se você está sozinho, os problemas decorrentes da solidão — a insatisfação, a tristeza, a insegurança e a depressão —, o acompanharão. Tudo por conta de um erro cruel que nós cometemos: confundir solidão com solitude. A primeira coisa que uma pessoa solitária sente é carência. Uma necessidade de atenção, ela deseja ser vista e notada. É como o salmista diz em Salmos 25.16: "Volta-te para mim e tem misericórdia de mim, pois estou só e aflito". Ele está se sentindo sozinho e clama por atenção.

Uma pessoa solitária, além de ser carente de atenção, sente-se desprotegida. Ela pensa: "Sucumbirei se não tiver ninguém perto de mim. E se me atacarem ou falarem mal de mim? E se alguém me prejudicar? Preciso de pessoas que me defendam". No versículo 7 do salmo 102, além de estar carente de atenção, desprotegido, solitário e se sentindo abandonado, o salmista se vitimiza: "Não consigo dormir; pareço um pássaro solitário no telhado". Será que você também não está carente de atenção e se sentindo desprotegido ou abandonado?

A solidão é terrível, mas ao contrário do que muitos pensam, Deus nos oferece uma estratégia para vencê-la: a solitude. Jesus nos chamou da solidão para uma vida de completude. No dia em que aceitamos a Cristo como Salvador, ele nos disse: "A partir de hoje, você não será movido pela solidão, mas pela minha presença. Preencherei o vazio, iluminarei o seu ser, acalmarei o mar agitado da sua alma e assumirei todo o controle". É preciso separar as duas coisas. A solidão é caracterizada por um vazio existencial e pela falta de relações significativas; aquele sentimento de "Sinto-me vazio. Preciso de alguém comigo". Mesmo cercado de muitas pessoas e uma agenda lotada, a solidão pode ser uma companheira constante.

É como o salmista diz: "Sou como a coruja do deserto, como uma coruja entre as ruínas" (Salmos 102.6). Ou seja, ele sempre está sozinho. Existe solidão em orfanatos, asilos, hospitais e penitenciárias. Qual lugar tem mais pessoas do que um hospital? Mesmo assim, muitos se sentem sozinhos lá. Às vezes, estão em um quarto com seis pessoas, mas o sentimento de solidão persiste. Também existe solidão em grandes cidades, condomínios lotados, igrejas e até governos. Muitos artistas de cinema, apesar de estarem sob os holofotes e cercados de fãs, sentem-se sós. Até mesmo em uma fábrica entupida de funcionários, a solidão pode ser avassaladora.

Somos diariamente impulsionados para esse mundo de multidões solitárias. Cheio de informação, tecnologia, redes sociais, Instagram, *likes*, engajamentos e cursos online. Apesar de estarmos conectados o tempo todo, todos possuem medo de ficar sozinhos. Por essa razão, precisamos voltar nossos olhos para a Palavra em vez de nos movermos segundo sentimentos passageiros e ilusórios. Se você se apoiar no que sente, acabará se desesperando.

Apesar de vivermos em uma época de solidão, a Bíblia afirma em Deuteronômio 31.8: "O próprio Senhor irá à sua frente e estará com você; ele nunca o deixará, nunca o abandonará. Não tenha medo! Não desanime!". Ou seja, não tenha medo de ficar sozinho, Deus nunca abandonará você. Em um tempo no qual inseguranças e medos prevalecem, Jesus nos conforta com suas palavras em Mateus 28.20: "ensinando-os a obedecer a tudo o que eu ordenei a vocês. E eu estarei sempre com vocês, até o fim dos tempos".

Essa é a vontade de Deus, que migremos da tristeza para o contentamento. O problema não é ficar sozinho, mas vazio. Na oração do Pai-Nosso, Jesus falou a respeito de estarmos no quarto, em secreto. No entanto, é comum encontrarmos a solidão em vez da solitude. Se a primeira é um vazio existencial, quando tentamos a

> "PRECISAMOS VOLTAR NOSSOS OLHOS PARA A PALAVRA."

todo custo preencher um buraco em nossa alma com relações interpessoais, a outra é o contrário.

Solitude denota encontrar a calmaria sozinho, mesmo em mundo cheio de ruídos e confusão. Enquanto na solidão o isolamento é visto como um problema, para o que decide afastar-se temporariamente é uma bênção. É o que Davi escreveu no salmo 27; se nosso pai ou mãe nos deixarem e nossa casa ficar vazia, não morreremos, pois o Senhor nos acolherá. A solitude nos permite estabelecer um relacionamento com o Senhor. Momentos de quietude são preciosos porque nos dão a oportunidade de sermos profundos. Nossa esperança é renovada, e nossos pensamentos e sentimentos alinhados com a vontade divina.

Jesus sempre se retirava das multidões para renovar suas forças. E como ele fazia isso? Voluntariamente. Temos vários exemplos nos evangelhos; o cenário que deu início ao ministério de Jesus foi o deserto. Ele passou quarenta dias e quarenta noites sem ninguém. Você suportaria ficar quarenta dias sozinho ou enlouqueceria? Quando chegou o momento de escolher os doze apóstolos, Cristo novamente viu a necessidade de ficar sozinho. Em Lucas 6.12, lemos que ele subiu o monte para orar.

Depois de saber da notícia da morte de João Batista (cf. Mateus 14.13), Jesus se retirou do barco e foi para um lugar remoto. Após uma noite longa de trabalho, em que realizou o milagre da multiplicação dos pães e peixes (cf. Mateus 14.23), Jesus subiu um monte novamente para ter um tempo a sós. Depois de curar um leproso, ele se retirou para orar (cf. Lucas 5.16). No jardim do Getsêmani, na noite da traição, levou consigo apenas três discípulos, embora tivesse doze. Enquanto se preparava para a crucificação, buscou solitude.

Cristo é o nosso exemplo maior de como momentos de distanciamento são importantes. Não estou dizendo que é ruim ter pessoas por perto; pelo contrário, deve haver um equilíbrio, pois precisamos de outros ao nosso lado. Como mencionei anteriormente, a Bíblia nos ensina que não é bom que o homem esteja só, mas ela também nos alerta sobre os perigos de aceitar qualquer companhia. Estar só não é o fim do mundo, mas uma bênção quando entendemos o seu propósito.

Até mesmo a comunhão com Deus é estruturada na solitude. Quando a vivemos em sua plenitude, sabemos a quem devemos agradar de fato. Essa atitude envolve a escolha consciente pelo silêncio. Você já experimentou se apresentar e falar com Deus sem dizer uma palavra? Apenas dizer “Senhor, eis-me aqui” e, em seguida, ficar quieto? O silêncio está intimamente relacionado à confiança. Quem tem medo, grita e se apavora. Mas na solitude reina o silêncio. Só é possível ficar desse modo quando se confia.

Há momentos em que nossa mente começa a rodar: “O que será que estão tramando contra mim? Meu Deus, e agora? O que fazer?”. Em vez de ceder a essa ansiedade, viva o que está escrito em Eclesiastes 5.2, “Não seja precipitado de lábios, nem apressado de coração para fazer promessas diante de Deus. Deus está nos céus, e você está na terra, por isso, fale pouco”. Essa é a esfera da escolha consciente e liberdade: permanecer quieto na presença de Deus.

Embora o silêncio seja traduzido como ausência de linguagem e comunicação, ele é muito mais do que esperar que alguém fale conosco; é uma disposição para ouvir. Em momentos de isolamento, em que ninguém está presente, lembre-se que tanto o Diabo quanto o coração podem tentar falar. Contudo, se permanecer em silêncio, você ouvirá a voz de Deus. A solitude sempre lhe preparará para algo novo, e você pode experimentá-la de vários modos. Coloque uma canção no rádio e fique em silêncio. Deixe a música falar com você enquanto está deitado. Se está tomando café sozinho à mesa, aproveite esse momento para se desligar das preocupações do dia anterior.

Não faça de um momento solitário o seu fim, mas uma oportunidade para ouvir a voz do Senhor. Pratique a solitude, fale menos e ouça mais. Para superar a solidão, precisamos reconhecer que o propósito das pessoas às vezes não é nos satisfazer, mas se satisfazer conosco. Quando desejamos alguém por perto, não estamos necessariamente buscando ajuda ou apoio, mas queremos preencher um vazio interior. E esse é o problema da solidão: acreditar que a presença de alguém nos ajuda a melhorar, a sermos mais completos e a termos mais ferramentas para enfrentar os desafios.

Pensamos que ao ter mais companhia, a dor diminuirá; então, buscamos pessoas não para curtir sua presença, mas porque temos medo de quem realmente somos. Tenha amigos, mas não dependa deles para sua felicidade e bem-estar. Entendo que a solidão é desesperadora porque, sem pessoas, somos confrontados com o vazio de nossa alma. Por outro lado, como já mencionei, a solitude é uma bênção. Quando não há ninguém por perto, oro melhor, consagro-me, renovo minha perspectiva e ocupo minha mente.

Talvez você esteja se sentindo sozinho hoje, mas, novamente, a solidão não é um problema. Boa parte desse sentimento é resultado de uma confusão comum dentro da igreja, a qual levou muitas pessoas a acreditarem que estarem rodeadas de pessoas é sinônimo de comunhão. Porém, comunhão não significa estar junto o tempo todo, mas sim ter a certeza de que podemos ligar para alguém quando precisarmos; sorrir com quem sorri e chorar com quem chora.

Aqueles que não buscam a presença de Deus, vivem em um estado de solidão. Em contraste, os que têm intimidade com o Senhor experienciam a solitude de maneira positiva. Hebreus 13.5 nos lembra: "Conservem-se livres do amor ao dinheiro e contentem-se com o que vocês têm, porque Deus mesmo disse: 'Nunca o deixarei, nunca o abandonarei'". Olhe para você agora e se contente. O que você tem hoje? Está sozinho em casa? Lendo este livro sem ninguém por perto? Pare de se preocupar; a presença de Deus é suficiente para preencher qualquer vazio. Ele jamais deixará ou abandonará você.

· CAPÍTULO 5 ·

APRENDA A SER RESERVADO E DISCRETO

Existem palavras que ampliam crises e agravam estragos. Foi por meio da palavra que Deus trouxe tudo à existência. Da mesma forma, Ezequiel trouxe vida ao Vale de Ossos Secos. O mesmo princípio se aplica à construção de um lar. É pela palavra que se constrói ou destrói um ambiente familiar saudável. Portanto, quando não houver nada construtivo a dizer e apenas restar combustível para contendas, é aconselhável ser discreto e reservado. Em Lucas 14.7-11, Jesus ensina a importância da discrição ao contar uma parábola sobre um banquete de casamento. Será que tal característica é necessária somente no aspecto comportamental, ou há também relevância espiritual?

> Quando notou como os convidados escolhiam os lugares de honra à mesa, Jesus lhes contou esta parábola: "Quando alguém o convidar para um banquete de casamento, não ocupe o lugar de honra, pois pode ser que tenha sido convidado alguém de maior honra do que você. Se for assim, aquele que convidou os dois virá e dirá: 'Dê o lugar a este'. Então, humilhado, você precisará ocupar o lugar menos importante. Mas quando você for convidado, ocupe o lugar menos importante, de forma que, quando vier aquele que o convidou, diga: 'Amigo, passe para um lugar mais importante'. Então você será honrado na presença de todos os convidados. Pois todo o que se exalta será humilhado, e o que se humilha será exaltado".

Não há palavras para descrever a sabedoria de Jesus. Seu ensinamento nessa passagem é maravilhoso. A ideia central é que menos é mais, e que não precisamos agir impulsivamente ou buscar reconhecimento imediato. É preferível começar devagar e ser surpreendido com honra do que alguém chegar e dizer: "Desculpe, você está ocupando um lugar que não é seu. Você está mirando alto demais para quem você é".

Aquele que reconhece sua importância, mas escolhe se posicionar discretamente, transmite a seguinte mensagem: "Se quiserem que eu esteja na frente, que venham me buscar. Mas não faço questão, não preciso ser o centro das atenções". Jesus está falando a respeito da importância de não buscarmos constante visibilidade. Em um mundo saturado de redes sociais e anseio por popularidade, onde a máxima "quem não é visto, não é lembrado" predomina, Cristo oferece uma perspectiva contrária: é mais sensato proceder com cautela em tudo o que fazemos, em vez de impor um estilo ou uma posição.

"É PELA PALAVRA QUE SE CONSTRÓI OU DESTRÓI UM AMBIENTE FAMILIAR SAUDÁVEL."

Mas o que significa ser reservado? Não tem nada a ver com timidez ou comportamento antissocial. Trata-se de impor limites aos nossos impulsos e desejos, além de saber distinguir entre o que é nossa responsabilidade e o que cabe a outros. Aquilo que fervilha dentro de nós não precisa transbordar por todos os lados. Ser reservado denota escolher não expor o que sentimos ou pensamos de maneira indiscriminada. Já parou para pensar como deixamos o Diabo desempregado muitas vezes? Afinal acabamos nos prejudicando sem que ele precise fazer nada por não sabermos controlar as palavras.

Em meio a tanta exposição, existem cinco coisas que não deveríamos contar para ninguém. Primeiramente, nunca revele quanto você ganha, nem mesmo por entusiasmo ao conseguir um novo emprego. Mantenha isso em segredo. Da mesma forma, não compartilhe seus sonhos com todos. Não é por receio de inveja, mas porque ao contar para alguém, você se obriga a prestar contas do que planeja conquistar. Deus nos fez para sermos livres; mas ao compartilhar detalhes da nossa vida, acabamos presos a frequentes explicações.

Outra orientação é não revelar seus próximos passos. Por exemplo, se estiver pensando em comprar um carro, não saia falando para todo mundo. Compartilhe suas conquistas com quem você realmente ama. Quando trocar de casa, evite postar fotos nas redes sociais. Algumas coisas não precisam ser divulgadas, pois a maioria das pessoas em seu Instagram ou Facebook, mesmo que expressem apoio, não são verdadeiramente seus amigos.

Você também deve ser discreto sobre seus relacionamentos amorosos ou profissionais. Se mudou de emprego, evite fazer alarde. Em relação ao âmbito amoroso, o que acontece em seu casamento deve ser tratado com reserva. Hoje, observamos sérios problemas matrimoniais porque as pessoas compartilham tudo com seus pais e abordam problemas de forma coletiva. Isso resulta na falta de privacidade e intimidade conjugal, pois tudo se torna público. Muitos problemas poderiam ser resolvidos se fôssemos mais discretos em nossa comunicação, mas, infelizmente, falamos demais.

"COMPARTILHE SUAS CONQUISTAS COM QUEM VOCÊ REALMENTE AMA."

É importante ser discreto, especialmente em relação à exposição pessoal. Muitas vezes, colocamo-nos em evidência desnecessariamente. Precisamos aprender a ocupar um lugar de forma sábia e ponderada. Jesus é o exemplo perfeito dessa questão. Ele conduziu seu ministério com reserva e discernimento. Ao contrário de João Batista, ele era mais discreto. Exceto pelo episódio no templo, não encontramos outro relato de temperamento explosivo por parte de Cristo. Mesmo quando participava de celebrações e festas, ele o fazia de maneira discreta, sem chamar atenção.

Após 40 dias no deserto, Jesus é tentado pelo Diabo, que propõe uma prova de fogo. Ele sugere que Cristo transforme pedras em pães ou se atire do pináculo do templo para ser salvo por um batalhão de anjos. Satanás estava tentando persuadir o Messias a adotar uma estratégia de marketing pessoal. No entanto, Jesus opta por viver de acordo com a vontade do Pai (cf. Mateus 4.1-11).

Durante a festa judaica das Cabanas, os irmãos de Jesus o instigaram a ir para a Judeia realizar milagres em público (cf. João 7.3). Eles o encorajaram a multiplicar pães enquanto as pessoas estavam na rua, mas ele negou o pedido, pois não precisava provar nada a ninguém. Em um momento de agonia extrema, a ponto de suar gotas de sangue, Cristo não agiu de maneira histérica. No auge da agonia, ele se afastou até mesmo de seus discípulos para ficar sozinho e enfrentar o momento com discrição.

Não é questão de engolir em seco ou reprimir o que se pensa e sente, mas compreender que certas batalhas são vencidas em silêncio. O Deus encarnado foi humilde o suficiente para nos tirar o fôlego com tamanha pureza. Mesmo sob o sol escaldante do meio-dia, pregado em uma cruz, Jesus não fez cena nenhuma. Sua postura nos ensina a não chamarmos atenção para nós mesmos. Se for para chamar atenção, que seja para Cristo. Ser reservado é, sem dúvida, uma bênção.

Precisamos aprender a colocar limites. Aqueles que conseguem dominar a arte de se calar e não expor tudo o que acontece em sua vida são abençoados e sempre chegam mais longe. Preste atenção, pessoas que falam demais são as mais odiadas e rejeitadas; ninguém gosta de quem fala muito. Entenda que muitas vezes nossa indiscrição tem destruído nossa vida. Alguns podem achar que esse não é um assunto espiritual, mas é, porque a boca fala do que o coração está cheio (cf. Mateus 12.34).

Como mencionei no capítulo 2, em Provérbios 10.19, Salomão afirma que "quando são muitas as palavras, o pecado está presente, mas quem controla a língua é sensato". Ou seja, na carência de falar, nós acabamos pecando. Lembre-se, há tempo para falar e tempo para se calar (cf. Eclesiastes 3.7). Precisamos entender que não é necessário abrir a boca e aparecer o tempo todo, nem ter opinião sobre tudo.

Não devemos buscar ocupar os primeiros lugares. Às vezes, é essencial entrar sem ser notado e permitir que nos notem quando for o momento adequado. É isso que Jesus quis ensinar ao contar a parábola em Lucas 14. Aqueles que buscam a honra de se sentar nas primeiras fileiras acabarão envergonhados quando alguém mais importante chegar e disser: "Com licença, você está sentado no meu lugar".

"NO AUGE DA AGONIA, ELE [JESUS] SE AFASTOU ATÉ MESMO DE SEUS DISCÍPULOS PARA FICAR SOZINHO E ENFRENTAR O MOMENTO COM DISCRIÇÃO."

Muitos estão emocional e espiritualmente destruídos devido à falta de discrição e reserva. O assunto é tão sério que Salomão escreveu em Provérbios 16.32: "Melhor é o homem paciente do que o guerreiro, mais vale controlar o seu espírito do que conquistar uma cidade". As palavras não são uma ameaça que podem nos fazer deixar de ser quem somos — não é algo contra nossa autenticidade; é simplesmente para que possamos entender que existem batalhas que se ganham em silêncio.

Há ocasiões em que precisamos sair de cena e permitir que Deus aja. Às vezes, temos que clamar como o salmista, em Salmos 141.3: "Coloca, Senhor, uma guarda à minha boca; vigia a porta de meus lábios". Devemos aprender a falar. Quando estiver triste, não fale nada. Afinal, em momentos de tristeza, somos propensos a querer desistir. Da mesma maneira, quando estiver feliz, não prometa nada. A felicidade pode nos levar a prometer mais do que podemos cumprir, a emprestar dinheiro impulsivamente e a fazer favores sem considerar as consequências.

Seja discreto, mantenha o silêncio e tenha calma. Quero compartilhar algumas dicas baseadas na Bíblia para momentos em que você deve ser realmente cauteloso. Muitas pessoas dirão para você: "Posicione-se, apareça", mas apenas os reservados são chamados para conversas ou reuniões importantes e posições influentes. Muitas vezes, a falta de discrição pode ser um obstáculo para alcançar posições de influência e espiritualidade. Se você sente que não chegou a lugar nenhum em sua vida, pode ser porque fala demais.

Em uma reunião ou conversa, se o assunto não edificar ninguém, exceto o ego da pessoa que está falando, não participe. Isso pode acontecer tanto em uma empresa quanto em casa. Se o que está sendo falado edifica, ótimo. No entanto, se a pessoa estiver apenas zombando e descaracterizando alguém ou se achando superior, a conversa não tem propósito construtivo nenhum. As palavras que proferimos não devem ser motivadas pelo amor-próprio, mas sim pelo amor ao próximo.

Quando os assuntos fortalecem o ego à custa da destruição de outros, afaste-se. Isso é pecado, pois envolve falar de maneira arrogante. Veja o que Pedro escreveu em 2Pedro 2.18: "Pois eles, com palavras de vaidosa arrogância e provocando os desejos libertinos da carne, seduzem os que estão quase conseguindo fugir daqueles que vivem no erro". O que Pedro está dizendo? "Pare de falar demais e buscar reconhecimento às custas do infortúnio alheio. Pare de tentar ser popular disseminando fofocas e falando mal dos outros". Seja discreto; afaste-se de zombadores e evite pessoas que brincam com todos, mas não aceitam brincadeiras. Essas atitudes trazem destruição. Lugares de honra não são para pessoas indiscretas, que expõem tudo. Lugares de honra são para homens e mulheres que aprendem onde tratar suas dores e melancolias.

Quando devemos ser discretos e reservados? Quando nossas palavras causam desavença; quando enfrentamos um problema familiar e, em vez de suavizar as coisas, nossas palavras inflamam a situação e colocam uns contra os outros. Em vez de unir a família, nossa opinião gera uma ruptura ainda maior. Por exemplo, ligamos para um, mandamos mensagem para outro e fazemos telefone sem fio ao dizer "Contarei a você o que ele me falou, mas não diga que fui eu quem disse, está bom?".

Nossa alma fica amargurada quando preparamos o terreno para que nossa família brigue. Infelizmente, existem muitas pessoas que adoram a Deus na igreja, mas são verdadeiros demônios em casa. Fingem amizade e carinho com todos, mas nos bastidores agem de maneira maliciosa. Se o que você fala causa desavença, observe o que está escrito em Provérbios 26.20: "Sem lenha a fogueira se apaga; sem o caluniador morre a contenda". Seja discreto, preste atenção em tudo o que perguntarem a você e responda com sabedoria.

Não permita que as pessoas o usem de forma imprudente. Existem indivíduos que só querem que pronunciemos o que eles têm receio de dizer. Colocam-nos em situações complicadas apenas para que profiramos palavras de destruição.

Portanto, quando não tiver nada construtivo a dizer e só restar combustível para desavenças, reflita. Diga à pessoa: “Esse assunto não me interessa nem me diz respeito. Prefiro me manter em silêncio”. E se retrucarem: “Mas qual é sua opinião?”, responda: “Não tenho uma opinião formada”.

Aprenda a ser discreto e reservado; você não precisa falar sobre tudo, dar opinião sobre tudo, posicionar-se em relação a tudo e escolher lados em todos os conflitos. Quando você não sabe qual é a verdade, não há necessidade de afirmar algo que não sabe. A mentira é a maior arma do Diabo. Milhares de pessoas caem na armadilha da mentira e são arrastadas para o Inferno. A mentira tem fome de novas mentiras. Ela cava um abismo e, logo em seguida, já há outro mais fundo.

Além disso, ela desvia nossos olhos do futuro; afinal todo mentiroso precisa lembrar do que disse. Ele nunca olha para frente; sempre tem que se lembrar dos últimos enroscos, pois precisa manter viva sua teia de mentiras. Quando a vida lhe propuser mentiras, enganos, simulações, invenções, exageros e fantasias, permaneça em silêncio. Não é necessário transformar nada em algo maior do que já é. Cada mentira é uma afronta ao Espírito Santo. Não precisamos inventar algo maior do que a realidade.

Dê o peso correto às coisas e às batalhas. Seja honesto e verdadeiro, pois a mentira, cedo ou tarde, é revelada. O Diabo não ama você e sempre oferecerá um refúgio diante de uma mentira. No entanto, o desfecho sempre é a vergonha e o vexame. E por que mentimos? Porque não sabemos ficar com a boca fechada. Sentimos a necessidade de contar uma história. Para nós, é vergonhoso dizer "não sei" ou "não posso". Às vezes, precisamos de um tempo para pensar antes de falar. A vida nos ensinou que precisamos ser bons o tempo todo e que não podemos cometer erros, mas isso não é verdade.

João escreveu em 1João 2.21: "Não escrevo a vocês porque não conhecem a verdade, mas porque a conhecem e porque nenhuma mentira procede da verdade". Isto é, ele estava escrevendo não porque as pessoas eram ignorantes, mas porque sabiam o que era certo e, mesmo assim, escolhiam errar. Seja discreto quando ouvir uma mentira ou tiver a oportunidade de mentir. Lembre-se de que nenhuma mentira é necessária e justificável. A verdade nunca destruirá você, mas a mentira, desde a mais simples até a mais complexa, gera uma ruptura com o Céu. Ela rouba nosso sono, paz, alegria e, o pior, nos afasta da presença de Deus.

Uma vida baseada em mentiras pode parecer suportável por um tempo, mas logo a pessoa se cansa, pois o Espírito Santo não a sustenta mais. A Bíblia afirma que até um tolo se passa por sábio quando fica quieto. Portanto, entenda que existem momentos em que o silêncio é a melhor resposta. Seja discreto e reservado quando quem precisa ouvir algo de nós não está pronto para entender. Se forçarmos uma conversa, a pessoa não compreenderá o que estamos tentando comunicar e acabaremos falando demais. Como resultado, nada mudará. Não é Deus quem tem o controle da sua vida? Se ele não tem pressa, por que você tem tanta pressa? Por que tanta urgência em falar com pessoas que não estão prontas para conversar? Nem tudo o que pensamos precisa ser dito. Às vezes, estamos certos, mas a maneira como nos expressamos faz com que nossa fala soe falsa.

Uma das coisas que aprendi em meu ministério pastoral é que, mais importante do que o que você fala, é a maneira como fala. Por isso, alguns assuntos não podem ser tratados por escrito, pois a escrita não transmite expressão. Quando você aborda assuntos sérios por meio de texto, concede ao leitor o direito de interpretar sua fala da maneira que preferir. Por mais que haja pontos de exclamação, interrogação e vírgulas, falta entonação, pausas e volume. Quando você tiver um assunto importante, mas estiver com pressa para resolver, espere e converse pessoalmente; não escreva, envie e-mails ou mande cartas. Nem sempre a pressa na comunicação resolverá.

Muitas pessoas dizem: “Sofri muito este ano porque não coloquei limites em mim mesmo”. É preciso muita discrição e reserva para esperar o momento certo para tratar as coisas adequadamente. Nunca me esqueço de um amigo que queria pedir aumento ao chefe. Disse a ele: “Não é a hora”. A esposa do chefe estava com câncer e a empresa estava passando por uma recessão. Embora meu amigo achasse que seu trabalho estava melhorando e que ele era um bom funcionário, a situação exigia cautela. Portanto, eu disse: “Você tem todo o direito de pedir aumento. Reconheço que tem trabalhado muito e é um profissional maravilhoso, mas não é a hora de pedir aumento. Ele não terá a leitura correta sobre o seu mérito, pois está com um problema em casa e a empresa não está bem”.

“EXISTEM MOMENTOS EM QUE O SILÊNCIO É A MELHOR RESPOSTA.”

O que ele fez? Porque tinha argumentos sólidos, decidiu ter uma conversa difícil com alguém que não estava pronto para entender. O chefe, sobrecarregado com problemas, ofendeu-se com o pedido, o que resultou na demissão do meu amigo. Precisamos ser discretos e inteligentes para entender que certos assuntos devem ser tratados em momentos apropriados. Não é porque você está com vontade de falar que falará. Não é porque está nervoso que tem o direito de expor tudo. Não é porque tem razão que pode vomitar de qualquer jeito o que quer falar. Seja discreto, fale pouco, baixo e devagar. É assim que se ganha uma conversa.

Lembre-se, quem fala primeiro sempre perde. Quem ganha a conversa é quem fala por último, pois já tem todas as informações e consegue fazer a leitura da situação. O ansioso é o primeiro a se levantar, e ele sempre passará vergonha, porque surgirão ideias melhores do que a dele. Em João 16.12, está escrito: "Tenho ainda muito que dizer, mas vocês não o podem suportar agora". Existem muitos assuntos delicados que você deve tratar, mas não precisa resolver tudo de uma vez. Não é necessário que tudo seja resolvido até o dia 31 de dezembro. Espere um pouco, tenha um pouco mais de paciência e peça sabedoria a Deus. Ninguém nasceu de um dia para outro; foram nove meses de gestação. Deus já mostrou que o nascimento e o crescimento têm um processo. Para que tanta pressa?

Às vezes, é necessário também saber quando parar de falar. Continuar insistindo em algo que já foi perdido ou em uma porta que já se fechou só traz frustração. O melhor que podemos fazer é aceitar a derrota e seguir em frente. Certa vez, estava em Israel e fui até Jericó. Lá, entramos em uma loja e um árabe disse: “Você é pastor, não é? Então, farei um preço super em conta para você. Escolha o que quiser”.

Disse que não queria nada, mas acabei escolhendo algo para minha mãe. O dono da loja fez um alarde: levou-me a um canto e falou assim: “Farei esse preço; não conte pra ninguém. Não faço isso por ninguém, é somente para o senhor”. Nem lembro o valor exato que paguei, mas finjamos que foi 100 dólares. Comprei o produto, embrulhei e entrei no ônibus de viagem achando que havia feito um excelente negócio. Pensei: “minha mãe amará o presente”.

A caravana foi para Jerusalém e acabou entrando em um centro comercial. Nesse local, bati o olho exatamente no mesmo produto que tinha comprado em Jericó, por um valor bem mais barato. Fiquei indignado e não conseguia falar de outra coisa. Chamei todo mundo da caravana e disse: “Nunca mais voltarei naquela loja". Acho que fiquei falando sobre a situação umas dez horas sem parar. Quando encontrava alguém no elevador, repetia a mesma coisa. Cheguei até a ligar para o homem da agência de viagens para reclamar. Logo, percebi que estava estragando minha viagem. Disse para mim mesmo: "Você tem que aceitar o que aconteceu. Já está há dez horas falando sobre o incidente e ninguém mais aguenta ouvir você. O produto está ficando mais caro do que o dinheiro que você perdeu".

"SEJA DISCRETO, FALE POUCO, BAIXO E DEVAGAR. É ASSIM QUE SE GANHA UMA CONVERSA."

Tive que entender que estava sendo um peso para mim mesmo e enchendo a paciência de todo mundo. É importante saber, quando se perde, que isto é um fato e não há motivos para continuar a tocar no assunto. Toda essa situação me lembrou de Mateus 26.63 quando, diante de acusações, Cristo ficou quieto em vez de reagir exageradamente: "Mas Jesus permaneceu em silêncio. O sumo sacerdote lhe disse: 'Exijo que você jure pelo Deus vivo: se você é o Cristo, o Filho de Deus, diga-nos'".

Eles não queriam ouvir; portanto, de que adiantava Jesus falar? É importante saber quando ser discreto e manter nossa opinião para nós mesmos. Algumas pessoas perguntam sobre o culto, por exemplo, apenas para encontrar um defeito. Quando alguém pergunta "Você é dizimista?", muitas vezes não é por um desejo sincero de aprender sobre o dízimo, mas sim, porque querem saber se você dizima ou não. Certos indivíduos não merecem nossa explicação. Em casos assim, precisamos ser discretos e reservados.

Seja prudente quando não tiver amor em suas palavras. Caso contrário, você ficará extremamente irritado e perderá a razão. Nossas palavras devem ser refinadas em amor. Por isso, jamais desrespeite alguém ou faça um escândalo. Lembro-me de uma vez em que fui a um restaurante com minha família. Apertei um botão para chamar a garçonete e, quando ela veio, pedi uma bebida.

Após cinco minutos, apertei o botão novamente e outra pessoa veio. Reafirmei o meu pedido e, depois de um tempo, já havia acabado de comer e a bebida ainda não havia chegado. Veio uma terceira garçonete e perguntou: "O senhor gostaria de beber alguma coisa?". Nessa hora, senti uma intensa frustração. Quando estava prestes a falar um pouco mais alto, minha esposa, Carla, disse: "Diego". Então, fiquei calmo. Não sou assim, ignorante, mas estava nervoso na hora.

Se suas palavras não contiverem amor, fique quieto. Você pode ter autoridade, cobrar seus direitos e se posicionar, mas tudo deve ser feito com amor. A violência não resolve nada. Certo dia, estava subindo uma rua e tinha um carro na minha frente. Estava atrasado para um compromisso e nunca havia chegado atrasado antes. Comecei a buzinar e a orar para que Jesus ajudasse o motorista. Quando passei da lombada eletrônica, ultrapassei o carro e olhei para o motorista do carro, era um irmão da igreja. Ele olhou para mim e disse "Paz do senhor, pastor Diego". Respondi: "Glória, irmão". Depois, esse irmão me encontrou na igreja e perguntou: "Era o senhor buzinando àquela hora, não?". Respondi: "Sim, meu irmão. Glória a Deus. Ele é fiel, verdadeiro e maravilhoso".

Cuidado para não se expor demais e acabar deixando sua vida na mão de pessoas alheias. Você não precisa desabafar em rede social nenhuma. Ninguém precisa saber como você está se sentindo, a não ser aqueles que, de fato, fazem parte de sua vida.

Evite ser um livro aberto para todo mundo. Você precisa cuidar do seu precioso tempo em Cristo. Seja reservado; fale pouco sobre você, nada sobre os outros e bastante sobre Cristo. Lembre-se de que alguns dos problemas que nós enfrentamos são culpa nossa.

Acima de tudo: nunca exponha sua casa. Ela é o seu abrigo, o lugar onde você recarrega as energias depois de um dia de luta. Não abra a sua casa para desconhecidos, nem a use para evangelizar ninguém. Quer evangelizar? Faça isso na rua ou na igreja. Nossa casa não é uma igreja, é o nosso lar. Não é lugar de fazer cortesia, mas de descansar para enfrentar as batalhas diárias. Seja reservado, tenha tempo para você e sua família. Aprenda a ter momentos de solitude e a criar um espaço próprio. Há momentos em que você precisa ter 12 pessoas ao seu lado, em outros, apenas três dos mais próximos, e há aqueles momentos em que você precisa ficar sozinho.

"NOSSAS PALAVRAS DEVEM SER REFINADAS EM AMOR."

· CAPÍTULO 6 ·

FALAR PELOS COTOVELOS

Você conhece a expressão popular "falar pelos cotovelos"? É quando a boca não dá conta e o cotovelo tem que ajudar na conversa. Sabe aquela pessoa que não consegue se conter? Para ela, o silêncio é algo assustador. Tiago 3.8 aborda exatamente essa questão: "língua, porém, ninguém consegue domar. É um mal incontrolável, cheio de veneno mortífero". Ou seja, é quem não tem o domínio para refrear o pequeno músculo que fica entre seus dentes. A minha pergunta para você é: você fala pelos cotovelos?

Quando era criança, ouvi alguém dizer: "Quem fala demais precisa de dois caixões: um para ele e outro para a língua". Na época, acreditava que era verdade e me perguntava: "Será que realmente fazem um caixão para a língua?". Com o tempo, percebi que era uma metáfora, mas existem pessoas que parecem mesmo ter uma língua maior do que o corpo. Lembra de Provérbios 18.21? "A língua tem poder sobre a vida e sobre a morte [...]"; isto é, a qualidade da nossa vida girará em torno do que proferimos. Aquele que fala comerá do seu fruto.

Vejamos alguns dos principais problemas de falar pelos cotovelos. Falar demais pode trazer uma sensação de prazer momentâneo, mas também esconde carências e complexos de inferioridade. Muitos usam o hábito da fala como uma forma de terapia para camuflar os problemas pessoais. Em vez de lidar com suas vidas infelizes, essas pessoas escolhem não se calar. Falam o tempo todo e sobre tudo e todos.

> "A QUALIDADE DA NOSSA VIDA GIRARÁ EM TORNO DO QUE PROFERIMOS."

Apesar de o título do capítulo ser cômico, o tema é sério. Gostaria de abordar algumas características que entendo como efeitos colaterais de quem fala demais. Toda pessoa que não consegue controlar sua língua passa por essas questões. Demônio a gente expulsa, mas lidar com um fofoqueiro é difícil. Se ele não se conscientizar de que precisa mudar sua conduta, não adianta fazer nada. Portanto, quais são as consequências de quem fala pelos cotovelos?

1. PECADO

Provérbios 10.19 afirma que "quando são muitas as palavras, o pecado está presente, mas quem controla a língua é sensato". Todo desequilíbrio esconde uma ausência e todo excesso expõe uma falta. Quem fala demais revela um vazio na alma e um problema subjacente: não ter conteúdo para um dia inteiro. Portanto, como a pessoa sente vontade de falar, terá que caçar assunto e inventar coisas. Consequentemente, acabará fazendo o que não deve: comentar sobre a vida dos outros, trazer à tona assuntos que não lhe competem, além de fazer comentários maldosos. Qual será o resultado disso? O pecado. Quem se excede nas palavras comete pecado em algum momento.

2. EXPOSIÇÃO EXAGERADA

Cometer pecado já é um grande problema e, como se não bastasse, ainda há a exibição. A Palavra nos adverte em Tiago 3.13-15:

> Quem é sábio e tem entendimento entre vocês? Que o demonstre por seu bom procedimento, mediante obras praticadas com a humildade que provém da sabedoria. Contudo, se vocês abrigam no coração inveja amarga e ambição egoísta, não se gloriem disso nem neguem a verdade. Esse tipo de "sabedoria" não vem dos céus, mas é terrena; não é espiritual, mas é demoníaca.

O que Tiago está dizendo? Se você tem uma boa vida e é inteligente, não precisa se promover e sair dizendo por aí o quanto é bom. Quem fala demais frequentemente vive de aparência. Essas pessoas não são felizes, mas sentem a necessidade de dizer para todo mundo que são. Ficam falando sobre suas conquistas e o quanto as coisas custam, na tentativa de impressionar os outros e esconder suas próprias inseguranças. Algumas costumam colocar seus sonhos na ponta da chuteira e passar o tempo todo fazendo propaganda de suas aspirações. Mas, como mencionei no primeiro ponto, todo excesso esconde uma carência. Não faça propaganda de si mesmo. Seja autêntico e deixe as pessoas verem quem você realmente é. Elas o observarão e saberão a verdade. Viva a realidade, não a exibição.

3. ABORRECIMENTO E DESINTERESSE

Por trás de todo indivíduo que fala demais há ansiedade. A pessoa tenta aliviar a tensão e pressão por meio das palavras. Na maioria das vezes, acaba dizendo o que não deveria, sendo inconveniente e extremamente repetitiva. Quando se dá conta, ela já revelou segredos e expôs questões íntimas. Cada vez que abre a boca, os que estão ao seu redor deixam de escutar. Afinal, quem quer conversar com alguém que não sabe se calar?

Se você quer ter relevância na sua fala e ser ouvido, escolha suas palavras com cuidado para não precisar pedir desculpas e dizer: "Não conta para ninguém". Quando você pede para alguém não contar algo, não tenha dúvida, isso será divulgado. Todo mundo tem um melhor amigo e conta segredos para ele. Se você fala o tempo todo, ninguém consegue discernir quando está falando algo importante, mais ou menos ou nada importante. Como consequência, ninguém o leva a sério.

Tiago 3.2 afirma: "Todos tropeçamos de muitas maneiras. Se alguém não tropeça no falar, tal homem é perfeito, sendo também capaz de dominar todo o seu corpo". Para encontrar um homem perfeito é preciso existir alguém que não tropece no falar. Provérbios 17.28 reforça essa ideia: "Até o insensato passará por sábio se ficar quieto e, se contiver a língua, parecerá que tem discernimento". Há também um exemplo na cultura popular que ilustra bem a questão. A personagem Ofélia, do programa Zorra Total, costumava dizer: "Só abro a boca quando tenho certeza".

4. MORTE ESPIRITUAL

Muitas vezes, vemos pessoas que, embora frequentem a igreja, levantem a mão e digam: "Te amo, Jesus", falam mal da vida de todo mundo ao chegar em casa. Tal hipocrisia é abordada em Tiago 3.9-12:

> Com a língua bendizemos o Senhor e Pai e com ela amaldiçoamos os homens, feitos à semelhança de Deus. Da mesma boca procedem bênção e maldição. Meus irmãos, não pode ser assim! Acaso podem sair água doce e água amarga da mesma fonte? Meus irmãos, pode uma figueira produzir azeitonas ou uma videira figos? Da mesma forma, uma fonte de água salgada não pode produzir água doce.

O que Tiago está nos dizendo é claro: se você honra a Deus, sua boca deve honrá-lo também. Não há como bendizer ao Senhor, chorar na igreja e, depois, fofocar em casa. Não há como louvar em um culto e falar mal dos outros no decorrer da semana. A conta não fecha. Não é possível ser duas pessoas e dizer "Mas sou assim". Isso não justifica a incoerência. Dessa forma, não bendizemos ao Senhor. E se nossa boca não o bendiz, nossa fonte é amarga. Morremos espiritualmente. A igreja está lotada de pessoas que choram na presença do Altíssimo, mas são fofoqueiras. No entanto, a mesma fonte não pode produzir água doce e salgada.

5. PERDA DE OPORTUNIDADES

Quem fala pelos cotovelos é como o bobo da corte. Todo mundo quer um por perto. Afinal ele faz o tempo passar rápido e entretém todo mundo com suas "novelinhas" diárias. É divertido estar na companhia de alguém assim, mas, historicamente, o bobo da corte nunca foi chamado para participar de conversas importantes. Ele só aparecia em reuniões informais, em que falavam "Vamos trazer um bobo para nos distrair".

Ninguém confia em quem não fecha a boca. Quando têm assuntos importantes para tratar, as pessoas não chamam fofoqueiros. O mesmo vale para empresas e cargos de confiança. Se você é o tipo de pessoa que sempre faz os outros rirem, não pense que isso é suficiente para ganhar a confiança e o respeito necessário para promoções e responsabilidades maiores. Você diverte o seu chefe e ele dá risada, até se engasga de tanto rir. Mas, quando ele pensar em promover alguém, você não estará na lista. Ele não pensará no funcionário que fala bastante, mas no competente; a pessoa que consegue levar problemas a sério e apresentar soluções eficazes. Muita gente se limita profissionalmente porque não se cala.

Sabe quando algo acontece e dizem: “Ligarei para o fulano porque tenho certeza de que ele já está sabendo?”. Não seja esse “fulano” na vida. Indivíduos com essa reputação não são vistos como confiáveis. Existem também aqueles casos em que dizem: "Não falarei com o fulano porque ele sempre é o último a saber". E por que ele é o último a saber? Porque está ocupado trabalhando e investindo na vida, carreira e sonhos.

Não seja como o jornalista que fica na porta da delegacia esperando casos aparecerem para fazer uma reportagem. Há pessoas que vivem como se estivessem na beira de uma delegacia, sempre à espreita, aguardando uma má notícia para espalhar. Provérbios 25.15 nos ensina: "Com muita paciência pode-se convencer a autoridade, e a língua branda quebra até ossos". Como é que se convence um chefe? Quer um aumento, uma promoção, estar em um lugar de honra e ser promovido? Tenha paciência e uma língua branda. "Quebrar os ossos" significa tocar o coração; falar na hora certa, do jeito certo e com a postura certa.

Não é só o que falo, mas como falo. Muita gente perde a razão por não saber se expressar. Pessoas nos ouvem não só pelo que dizemos, mas também pela maneira como nos comunicamos. Você pode dizer: "Estou com a razão, mas ninguém me ouve". Claro, você não sabe se comunicar. Como é que uma criança aprende a falar? Ouvindo. Portanto, pense: como é que aprenderá a falar melhor se não fecha a boca?

Se você fala o tempo todo e a única voz que escuta é a sua, tudo na sua vida está perdido. Aqueles que falam pelos cotovelos normalmente têm uma vida arrebentada — suas famílias e casas estão destruídas, mas, mesmo assim, continuam a falar da vida dos outros. Não é à toa que o salmista pede a Deus: "Senhor, livra-me dos lábios mentirosos e da língua traiçoeira!" (Salmos 120.2).

6. OFENSA ÀS PESSOAS

Provérbios 12.18 diz o seguinte: "Há palavras que ferem como espada, mas a língua dos sábios traz a cura". Quem fala até se esquece, mas quem ouve não. Se nós tivéssemos noção de que podemos marcar uma pessoa para a vida toda, pensaríamos dez vezes antes de abrir a boca. Depois não adianta dizer: "Era só uma brincadeirinha, escapuliu". Muitas pessoas destroem outras dando risada. Parecem ter o demônio do escárnio: fazem brincadeiras e atingem o outro.

Podem até mudar o destino de uma pessoa se ela for cabeça fraca; se for cabeça forte, não. Contudo, nem todo mundo têm uma comunhão forte com Deus, são raras as pessoas que conheço que possuem essa característica. Se a pessoa é fraca emocionalmente, uma palavra nossa pode destrui-la. Depois não adianta pedirmos desculpas. Existem relacionamentos que são impossíveis, humanamente falando, de serem restaurados por conta de coisas que foram ditas.

"Falei sem pensar. Estava nervoso e irritado na hora". Você falou, como também machucou e feriu. Não temos o direito de falar o que queremos só porque estamos nervosos. Não temos o direito de desabafar. "Preciso limpar a minha alma"; mas é necessário mesmo despejar todo lixo emocional no outro? Que egoísmo é esse? Você pode estar destruindo a pessoa que está do seu lado — seu pai, mãe, filho ou cônjuge.

Depois de um desabafo impulsivo, ainda diz: "Estou aliviado. lavei a alma". No entanto, você pode ter colocado uma sentença emocional em alguém que nem psicólogo ou psicanalista conseguem resolver. A pessoa terá que ter muita maturidade para colocar as coisas no eixo. Uma coisa é confrontar e outra é ferir. O confronto é quando tenho a Bíblia como respaldo; não estou falando porque estou sentindo, mas porque a Palavra orienta. Confrontar não é ferir ou julgar. Como está escrito em João 8.32: "E conhecerão a verdade, e a verdade os libertará". Apontar o dedo e julgar só machuca.

7. BAJULAÇÃO E ARROGÂNCIA

Em Salmos 12.3-4, lemos: "Que o Senhor corte todos os lábios bajuladores e a língua dos que dizem: 'Venceremos graças à nossa língua; somos donos dos nossos lábios! Quem é senhor sobre nós?'". O salmista condena a arrogância de quem diz: "Falarei o que quiser porque tenho direito. A boca é minha", e a bajulação da pessoa que nos elogia na nossa frente, mas fala mal de nós pelas costas. Prefiro que falem bem de mim na minha ausência do que na minha presença. Quem nos honra pode até nos elogiar, mas o compromisso da pessoa não é falar de nós para nós mesmos. Pelo contrário, é falar bem de nós para os outros.

Quando um bajulador aparecer, diga: "Pare. Na minha presença, você não falará mal de ninguém". Por quê? Primeiro, não devemos nos sentar na roda dos escarnecedores (cf. Salmos 1.1). Ouvir bajulações, fofocas e afins só nos contamina. Segundo, a pessoa elogiada pelo bajulador pode não ser tudo aquilo que ele diz. E terceiro, nossa boca foi feita para bendizer ao Senhor e aos homens. Portanto, se não temos nada de bom para falar, é melhor ficarmos calados.

8. CONDENAÇÃO AO INFERNO

Em Mateus 12.36-37, está escrito: "Mas eu digo que, no dia do juízo, os homens haverão de dar conta de toda palavra inútil que tiverem falado. Pois por suas palavras vocês serão absolvidos, e por suas palavras serão condenados". No dia do julgamento final, que definirá se vamos para o Céu ou para o Inferno, o que nos absolverá ou nos condenará é a qualidade de nossas palavras. Novamente, Salomão afirma que "A língua tem poder sobre a vida e sobre a morte; os que gostam de usá-la comerão do seu fruto" (Provérbios 18.21). Isso é algo extremamente sério. "Pastor, mas é só uma brincadeirinha", mas veja o quanto sua vida tem sofrido devido a essas palavras aparentemente inofensivas. Pessoas se afastaram, oportunidades foram perdidas e pecados, cometidos, e sua intimidade com o Senhor acabou afetada. Isso pode nos condenar a um processo de destruição e, eventualmente, ao Inferno.

Pare com isso, ainda há tempo. Se você está vivo, pode, a partir deste momento, dar um passo de fé e decidir: "Não falarei mais pelos cotovelos". Nossa prioridade deve ser viver para agradar a Deus.

Mas como conseguir controlar a língua? O primeiro passo é olhar para si mesmo e cuidar da própria vida. Como já mencionei antes: na maioria das vezes, falamos dos outros porque temos pavor de encarar nossas próprias falhas. Comentamos sobre a desgraça dos outros por não querermos lidar com a nossa situação. Estamos cheios de ansiedade e pressão e, como resultado, ocupamos nosso tempo com histórias e questões que não nos competem. Olhar para si mesmo é difícil, mas essencial. Portanto, esqueça a vida dos outros e volte seus olhos para a sua.

· CAPÍTULO 7 ·

A BALANÇA ENTRE JULGAR E AJUDAR

Existem extremos quando se trata de julgamento. De um lado, temos aqueles que são radicais em julgar e apontar dedos, prontos para condenar as ações alheias sem hesitação. No outro extremo, encontram-se os liberais, que dizem "cada um com sua vida" mesmo quando o mundo ao seu redor está desabando. Mas afinal, quem está certo? Prefiro a palavra "equilíbrio". O Reino de Deus é um reino de moderação, não de excessos. A fé deve ser radical, mas nossa vida precisa ser equilibrada em todos os aspectos.

Ao falarmos sobre o ato de julgar, é importante entender a autoridade que um juiz possui. Na minha concepção, seu maior poder está na capacidade de condenar alguém a algo — decidir o destino da pessoa, seja ela culpada ou inocente. Quando a Bíblia nos orienta a julgar, precisamos nos aprofundar nesse conceito específico. Em alguns casos, trata-se de examinar e discernir, não de ter o poder de determinar quem merece o quê, quem vai para onde, quem vive ou morre e quem é preso ou solto.

Sempre que eu citar o ato de julgar, estou falando sobre examinar um fato de maneira objetiva, o que não tem nada a ver com minha percepção, sentimentos e opinião pessoal. Quantas vezes, em nossa vida, já expressamos opiniões excessivas sobre diferentes situações? Quantas vezes julgar, apontar o dedo e opinar sobre a vida dos outros se tornou quase um esporte para muitos? Talvez você até diga de forma automática: "Na minha opinião, fulano está errado. Ele tem que sair". É mais ou menos como acontece no reality-show *Big Brother*: cada dia você ama ou odeia um participante diferente. Muitas vezes, não nos damos conta disso.

Existe uma diferença entre criticar objetivamente e julgar com a intenção de condenar. É possível ajudar alguém com críticas objetivas, ao analisar fatos e situações que não envolvem nossas opiniões pessoais, gostos ou preferências. Em contraste, julgar por julgar, sem um intuito construtivo, não contribui para nada. Somos todos diferentes e temos opiniões distintas. Em 1Coríntios 4.4, Paulo nos lembra: "Embora em nada minha consciência me acuse, nem por isso justifico a mim mesmo; o Senhor é quem me julga”. Ou seja, não há necessidade de sempre opinar sobre a vida dos outros ou sobre o que é certo ou errado. Cada pessoa enxerga a vida a partir de seu próprio ponto de vista.

A perspectiva da minha vida é determinada pelo ponto em que estou — a ótica através da qual enxergo minha realidade. Quando você olha para mim do ponto em que está, você me vê por uma ótica diferente. É como estar em uma montanha; cada pessoa enxerga a vista de acordo com a montanha em que está. Veja as Cataratas do Iguaçu, no Paraná. Quando estamos no lado brasileiro, vemos principalmente o lado argentino das quedas d’água. Por outro lado, os argentinos só veem o lado brasileiro. Não conseguimos ver nossas próprias cataratas. Para vê-las, precisamos atravessar para a Argentina.

“NÃO HÁ NECESSIDADE DE SEMPRE OPINAR SOBRE A VIDA DOS OUTROS OU SOBRE O QUE É CERTO OU ERRADO.”

O ponto de vista e o contexto em que estamos inseridos nos impedem de ver a situação como um todo. É por isso que nosso julgamento é sempre comprometido. Ele passa pelo filtro das nossas experiências e opiniões. E opinião não se discute, cada um tem a sua. Podemos tentar dizer a alguém que está errado, mas do ponto de vista dessa pessoa, ela acredita estar certa. Paulo é incisivo ao afirmar que não cabe à Igreja sentenciar ninguém. Examinar, sim, à luz da Palavra. No entanto, ele deixa claro que não é apropriado assumir uma postura de condenação. Dizer ao outro "Saia, você não pode ficar aqui" não é a abordagem adequada.

Existem julgamentos infundados. Quantas vezes julgamos alguém de maneira errada e, depois, nós nos arrependemos? Isso acontece porque nos tornamos reféns de nossos sentimentos. Qual é o propósito do Evangelho? Resgatar pessoas e levá-las a uma nova compreensão do amor de Deus. Este é o objetivo da vida cristã: ajudar as pessoas a se levantarem. Infelizmente, o que vemos são cristãos julgando pessoas por inveja, imaturidade, inconveniência, precipitação e preconceito.

Será que tal comportamento reflete uma transformação genuína pela mensagem do Evangelho? Será que, de fato, sou movido por uma humildade espiritual, um respeito pelos outros e uma vontade inclusiva? Ou minha postura é, na verdade, excludente, focada apenas em demonstrar que estou certo? Essa é a questão. Não estou falando de libertinagem, mas de entender o que a Bíblia permite e proíbe.

Fazer o bem para alguém é simplesmente não fazer o mal. Já ouviram o ditado "quem ajuda não atrapalha"? Então, há momentos em que pensamos: "Queria tanto fazer algo de bom para alguém", mas, às vezes, podemos fazer o bem simplesmente não interferindo na vida de ninguém. Por alguma razão, sentimos uma necessidade de intervir em situações que não têm nada a ver conosco. Quando alguém comete um erro, a própria falha traz suas consequências. Não precisamos acrescentar mais punição.

A Bíblia diz que "[...] de Deus não se zomba. Pois o que o homem semear isso também colherá (Gálatas 6.7). Não precisamos punir ninguém; a má semente, por si só, gera sua própria punição. Um tempo atrás, uma jovem não permaneceu na igreja devido a atitudes de pessoas e por escolha própria. Ela acabou engravidando, o que se tornou um escândalo na congregação. As pessoas não conseguiam enxergar além do erro. Contudo, por que criar uma punição? A chegada de uma criança fora do tempo ideal já traz consigo uma série de dificuldades, e a mãe já seria obrigada a abrir mão de muitas coisas.

Não que a criança fosse uma punição, mas a situação teria seus desafios. Infelizmente, as pessoas esquecem que julgar é examinar. E por que devemos examinar? Para ajudar, mostrar que Cristo ainda pode restaurar e que é possível não deixar um erro definir toda uma vida. O grande problema é a nossa inclinação para a punição. Temos o hábito de punir e de esfregar na cara dos outros nossa indignação, como se seus erros nos afetassem diretamente.

"QUANTAS VEZES JULGAMOS ALGUÉM DE MANEIRA ERRADA E, DEPOIS, NÓS NOS ARREPENDEMOS?"

Uma coisa que aprendi é que a nossa revolta com os erros dos outros reflete nossas próprias inseguranças e inadequações na vida. Aquilo que criticamos geralmente é algo que, talvez, quiséssemos fazer, mas não temos coragem. Por exemplo, já observei pessoas que criticam tatuagens; afirmam que são do "capeta" e até citam versículos bíblicos para justificar sua posição. É bem possível que essa indignação seja consequência do desejo de fazer uma tatuagem. Enfim, quando entendemos que fomos lavados e redimidos pelo sangue do Cordeiro e que aquilo que evitamos não é o melhor para nós, essa compreensão nos ajuda a perceber que os outros já estão lidando com seus próprios problemas.

A grande dificuldade com o julgamento alheio é o complexo de inferioridade. Quem julga, geralmente, tem um. Aquele que aponta o dedo para todos normalmente está lidando com seus próprios problemas internos. É alguém mal resolvido, incapaz de se olhar no espelho e aceitar a própria existência. Todo aquele que se coloca como um juiz implacável e vive apontando falhas nos outros, tem uma vida pessoal repleta de derrotas. Quem é bem resolvido não perde tempo com coisas alheias.

Não temos o direito de condenar, mas temos o dever de perdoar. Como Jesus disse em Mateus 7.1-2: "Não julguem, para que vocês não sejam julgados. Pois da mesma forma que julgarem, vocês serão julgados; e a medida que usarem, também será usada para medir vocês". Se alguém errou, isso não é um ataque pessoal contra você. Pare de assumir dores que não são suas e de se ofender com os erros dos outros.

É importante examinar o outro e estar pronto com palavras de ânimo quando necessário. Não se preocupe com as bobagens que o pastor anda dizendo por aí; ele pode estar pedindo opiniões, mas nem sempre precisa da sua. Se alguém cair ao seu lado, estenda um colchão em vez de uma sepultura. Seja alguém que ajuda a levantar e gera esperança. Muitas pessoas caem ao lado de quem só ajuda a matar, enterrar e destruir. Devemos ser parteiros, não coveiros. Nossa responsabilidade é ajudar as pessoas a nascerem de novo. A essência do cristianismo é oferecer uma nova chance, vida e perdão.

Lembre-se, não temos o direito de condenar, mas temos o dever de perdoar. Claro, somos diferentes e temos opiniões diversas. Portanto, como posso julgar alguém se vejo a vida a partir de um ponto de vista diferente? A Bíblia diz em João 8.32: "E conhecerão a verdade, e a verdade os libertará". A minha verdade não é a Verdade. Posso estar errado em certos momentos e, muitas vezes, minha percepção da verdade pode ser, na realidade, uma mentira.

A Bíblia está aí para resolver a questão. Em 1Coríntios 4.3, Paulo escreveu: "Pouco me importa ser julgado por vocês ou por qualquer tribunal humano; de fato, nem eu julgo a mim mesmo". Uns gostam de jiló, outros preferem beterraba, e está tudo bem.

Cada um de nós tem suas próprias preferências, verdades e opiniões, e isso deve ser respeitado. Quem julga menos vive mais.

É incrível como somos diferentes. Alguns amam barulho, outros, o silêncio. Há quem adore filmes de comédia, enquanto outros se deleitam com suspenses. A vida é assim, uma diversidade de gostos que torna tudo interessante. Temos um problema quando tentamos transformar nossas preferências em verdades absolutas. Não podemos rotular a vida dos outros como pecaminosa só porque não concordamos com suas escolhas, especialmente se a Bíblia não classifica algo como pecado.

"NÃO TEMOS O DIREITO DE CONDENAR, MAS TEMOS O DEVER DE PERDOAR."

Se você não conhece a Bíblia, não pode rotular as escolhas de outras pessoas como pecado. Por exemplo, se menciono Habacuque, alguns podem pensar que estou falando de uma marca de biscoito, quando na verdade é um livro profético do Velho

Testamento. A falta de leitura bíblica resulta em tais equívocos. Mas por que não podemos julgar? Primeiro, não somos juízes. A vida do outro não nos pertence. Se algo incomoda você, leia a Bíblia, pregue o Evangelho ou chame alguém para orar. Pare de "curiar"[1] a vida dos outros.

Em Marcos 8.36, Jesus disse: "Pois, que adianta ao homem ganhar o mundo inteiro e perder a sua alma?". Não adianta ganhar o mundo para Jesus e perder a alma no processo. Do que adianta ganhar a África para Jesus e acabar no Inferno? Quando o assunto é imoralidade, a Bíblia nos orienta a examinar e a observar de longe. Se a pessoa quer ajuda, ajude. Se não quer, afaste-se. Nossa relação com o pecado deve ser distante. Temos que ser luz e salvação para os ímpios. Se você pode influenciar positivamente, ótimo; mas sempre mantenha a distância necessária.

Outro ponto importante é entender a diferença entre influenciar e impor nossos próprios padrões. Muitas vezes, confundimos as duas ações. Dizemos que estamos levando alguém para o bom caminho e pregando o Evangelho, quando na verdade estamos apenas julgando e matando a pessoa espiritualmente. Em termos de julgamento, você não tem direito de

[1] Expressão popular que significa espiar, observar.

impor seus costumes aos outros. Não é porque você se veste de uma determinada maneira que todos devem se vestir igual. Em Colossenses 2.16, Paulo deixa claro: "Portanto, não permitam que ninguém os julgue pelo que vocês comem ou bebem, ou com relação a alguma festividade religiosa ou à celebração das luas novas ou dos dias de sábado". Traduzindo, não deixe que critiquem seus costumes. Costume muda e é opcional, mas doutrina não muda. E o que é doutrina? É a Bíblia.

Um indivíduo que prega em uma tribo não pode impor seu estilo de roupa aos indígenas. Qual o problema de um índio usar sua tanguinha tradicional? Se ele crer em Jesus, irá para o Céu de tanguinha mesmo. O problema não está na tanguinha, mas na essência da fé. O mesmo vale para um missionário na África. Não faz sentido ele impor a cultura de seu país de origem. O que importa é a essência da fé e não o modo como cada um se veste.

Quase todo ser humano tem um defeito: querer impor seu jeito de ser e pensar aos outros. É hora de aceitarmos a diversidade, respeitar as diferenças e lembrar que cada um tem sua jornada única.

Precisamos parar de ser chatos, julgar demais e começar a viver de acordo com a essência da fé. Isso é o que realmente importa. É impressionante como temos o costume de criticar o que não entendemos. É por isso que nosso julgamento não deve ser de condenação, mas sim de exame.

Antes de abrir minha boca para julgar, sempre procuro ouvir os dois lados da história. Busco ter empatia para enxergar a situação pela perspectiva de Cristo e não pela minha. Escuto tudo com atenção, consciente de que o primeiro relato que chega até mim é como um telefone sem fio: distorcido, cheio de acessórios e manipulações. Uma verdade contada de forma diferente não é mais uma verdade, mas uma mentira. Nesse caso, posso julgar.

Mas é preciso ter cuidado para não afirmar que um costume diferente do seu é pecado. Repito o exemplo clássico da tatuagem. A Bíblia não afirma que quem a faz está pecando, mas já ouvi pessoas dizendo: "Tatuagem é pecado". Por que dizem isso? Porque não gostam de tatuagem e nunca fariam uma. Também não tatuaria meu corpo, por razões pessoais. Porém, o fato de pensar assim não me dá o direito de subir em um púlpito e dizer que quem pensa de outra maneira irá para o Inferno. Cada um tem suas convicções; precisamos respeitar isso e lembrar de ter empatia antes de julgar e examinar. Nem tudo é preto e branco. Em certos contextos, o entendimento vem da capacidade de enxergar a cor cinza.

É triste como vivemos em um mundo tão radical, em que opiniões diferentes se tornam motivo de agressão. Se você tem uma opinião oposta à minha, automaticamente é visto como meu inimigo. Veja o que a política tem feito com as famílias. Laços familiares têm sido desfeitos e amizades, rompidas, por conta de pensamentos políticos e ideológicos distintos. Tudo por acreditarmos que se alguém tem uma opinião diferente, está errado. A única verdade absoluta é a Palavra de Deus. Precisamos respeitar a opinião dos outros porque ninguém está 100% correto em tudo. Além disso, a Bíblia nos proíbe de julgar. Tiago 4.11-12 nos adverte:

> Irmãos, não falem mal uns dos outros. Quem fala contra o seu irmão ou julga o seu irmão fala contra a Lei e a julga. Quando você julga a Lei, não a está cumprindo, mas está agindo como juiz. Há apenas um Legislador e Juiz, aquele que pode salvar e destruir. Mas quem é você para julgar o seu próximo?

"Pastor, não posso julgar, portanto?". Depende do motivo do julgamento e o que você entende por julgar.

Como já mencionei antes, julgar significa examinar. Mas para que serve o exame? Para ajudar a outra pessoa e podermos ser uma benção em sua vida. "Posso, por meio da Bíblia, ajudá-lo a compreender o erro que cometeu sem impor minha opinião?". A resposta está na abordagem, mas diria que se o indivíduo não pedir ajuda, fique na sua e não fale mal dele. Quem somos nós para julgar o próximo?

O que fazemos quando uma garrafa quebra? Conversamos com o controle remoto e dizemos: "Controle, a garrafa quebrou"? Claro que não. Se a "garrafa" quebrou, precisamos nos dirigir a ela diretamente: "Garrafa, você errou, mas pela Palavra de Deus podemos sair dessa. Há um novo começo, garrafa". Esse é o tipo de julgamento que podemos fazer: não para condenar, mas para examinar e reconstruir.

Se você não tem a capacidade de fazer isso, é melhor ficar quieto. Caso contrário, essa língua grande queimará no fogo do Inferno. Da mesma forma, não se baseie em fatos ou sentimentos. Lembre-se do que está escrito em Jeremias 17.9: "O coração é mais enganoso que qualquer outra coisa e sua doença é incurável. Quem é capaz de compreendê-lo?". Todo julgamento humano é ruim e, geralmente, começa com a frase: "Em minha opinião". Porém, nossa opinião não vale nada. Ela é uma perspectiva limitada.

Lembro-me de tantas vezes que fiz pré-julgamentos e, depois, percebi o quão errado estava. Infelizmente, nossas mentes nos levam a isso. No entanto, uma coisa é fazer um pré-julgamento e outra é sair condenando pessoas. Peça a Deus: "Senhor, estou sentindo vontade de expor o que estou pensando. Perdoa-me. Ajuda-me a não externar isso para ninguém. Que os dias passem e saibamos quem é quem". Muitas vezes, ouvimos histórias e, com o tempo, percebemos que o vilão era, na verdade, a vítima.

Isso é bastante comum em brigas de casais, quando a família toma partido, dizendo: "O outro está errado". Só quem está lá sabe realmente o que está acontecendo. É preciso ouvir os dois lados. O ser humano é complexo e nossas opiniões são muitas vezes falhas. Antes de observar a vida do outro, olhe para si mesmo. A Bíblia nos dá um soco no estômago em Mateus 7.3-5:

> Por que você repara no cisco que está no olho do seu irmão e não se dá conta da viga que está em seu próprio olho? Como você pode dizer ao seu irmão: "Deixe-me tirar o cisco do seu olho", quando há uma viga no seu? Hipócrita, tire primeiro a viga do seu olho, e então você verá claramente para tirar o cisco do olho do seu irmão.

Jesus está nos ensinando a só falar daquilo que vencemos e a sermos professores naquilo que dominamos. Só mencione a família de alguém se a sua for irrepreensível. Critique o relacionamento de alguém somente se o seu for exemplar. Não seja um hipócrita. E o último ponto: julgue com o objetivo de ajudar, não destruir. Por exemplo, se formos ajudar alguém, é para falar: "Vem cá. O que você fez está errado. Mas a mesma Bíblia que condena o pecado diz que, se confessarmos, Deus é fiel e justo para nos perdoar. Vamos juntos ter um novo começo". Isso é o que significa julgar.

"ANTES DE OBSERVAR A VIDA DO OUTRO, OLHE PARA SI MESMO."

A Bíblia diz na oração do Pai Nosso que, assim como perdoamos aqueles que nos ofendem, nossas ofensas serão perdoadas por Deus (cf. Mateus 6.12). Veja quantas bobagens já fizemos na vida e, mesmo assim, Deus nos perdoou. Alguns dizem: "Não quero conviver com aquela pessoa nem olhar para a cara dela". Contudo, Paulo escreveu algo interessante: "Façam todo o possível para viver em paz com todos"

(Romanos 12.18). Se você não pode contribuir de maneira positiva e não tem estrutura emocional para conviver com o outro, pelo menos não o destrua. Se ele ou ela errou, ficará impune? Não; a própria semente trará suas consequências.

Toda ação gera uma reação no mundo sobrenatural. Tudo que o homem semear, ele colherá. Entenda, julgar não é errado. O pecado está em julgar sem o respaldo da Palavra de Deus, ou seja, julgar com sentimentos pessoais, raiva e opiniões preconcebidas. Se julgarmos de acordo com a Bíblia, nunca erraremos. Será uma bênção se a pessoa que você julgar por meio das Escrituras reconhecer a verdade. Nada alegra mais o Céu do que o arrependimento de um pecador — o momento em que alguém volta para a casa do Pai, como na parábola do filho pródigo.

Ao voltar para casa, ele já havia gastado todos os seus bens. Quem financiou o anel e a capa que o pai deu ao filho pródigo foi o filho mais velho, que estava em casa. Ele não gostou, pois o dinheiro usado para celebrar o retorno do irmão era, em sua perspectiva, dele. No entanto, o pai respondeu: "[...] Meu filho, você está sempre comigo, e tudo o que tenho é seu. Mas nós tínhamos que celebrar a volta deste seu irmão e alegrar-nos, porque ele estava morto e voltou à vida, estava perdido e foi achado" (Lucas 15.31-32). Ajudar alguém muitas vezes exigirá sacrifícios. Temos que engolir nosso orgulho e altivez, mas vale a pena se pudermos ajudar a pessoa a crescer. Examine em vez de condenar. Você perceberá que a vida e a fé o levarão para um novo nível.

· CAPÍTULO 8 ·

O PODER DO SILÊNCIO

Quantos problemas ou situações desconfortáveis poderíamos evitar se aprendêssemos a nos calar? A verdade é que, por incrível que pareça, permanecer em silêncio é um desafio para muitos de nós. Somos condicionados a acreditar que precisamos sempre ter uma resposta pronta, uma opinião a ser expressa ou uma justificativa a ser dada. Contudo, quantos dissabores e pedidos de desculpas poderiam ser poupados se controlássemos nossas palavras? Muitas vezes, falamos em momentos inadequados e pior, da maneira incorreta.

Dividirei este capítulo em duas partes. Em primeiro lugar, falarei a respeito da sabedoria encontrada no silêncio. Quando você escolhe ficar quieto, dá a si mesmo a oportunidade de refletir e evitar qualquer atitude desnecessária. Imagine uma situação em que você está prestes a fazer uma compra impulsiva, mas algo não parece estar certo. Em vez de agir na hora, você diz ao vendedor: "Deixe reservado, darei uma volta e retorno para buscar o produto".

E o vendedor? Ele fará de tudo para evitar que você saia da loja. Dirá que não pode reservar, que é o último item em estoque, que o preço subirá ou que o chefe não permite reservas. Talvez até compartilhe problemas pessoais ou afirme que precisa fazer essa venda. Ele sabe que a chance de você não retornar para comprar o produto é considerável. É nesse intervalo que está a sabedoria, o silêncio — a pausa que nos dá a chance de analisar a situação com calma, ponderar prós e contras e, muitas vezes, evitar decisões das quais possamos nos arrepender.

"QUANDO VOCÊ ESCOLHE FICAR QUIETO, DÁ A SI MESMO A OPORTUNIDADE DE REFLETIR E EVITAR QUALQUER ATITUDE DESNECESSÁRIA."

A segunda parte do capítulo será dedicada a entender quando devemos ficar em silêncio. Afinal nem todos têm o dom de saber quando se calar. O poder do silêncio é realmente notável. Quando seguramos as palavras na garganta, resistimos à impulsividade de falar no calor do momento e optamos por guardar o que queremos dizer, algo incrível acontece. A sabedoria se manifesta e refina nossas palavras antes que as pronunciemos. Um exemplo simples: imagine-se nervoso, prestes a escrever um e-mail ou uma mensagem no WhatsApp. Em vez de enviar imediatamente, experimente escrever a mensagem e, em seguida, dar um passo para trás. Tome um café, respire fundo e só então releia o que escreveu. Você provavelmente se surpreenderá com o quanto desejará excluir o que escreveu.

Bom, o silêncio nos proporciona sabedoria. Aliás, um benefício do silêncio é que, quem fala menos também erra menos. Ao abrir menos a boca, diminuímos a probabilidade de proferir palavras inconvenientes e de nos expressarmos de maneira errada. Como diz o ditado: “a palavra dita não volta mais”. Além disso, quem fica em silêncio adquire autoridade ao falar. Aqueles que falam demais frequentemente se envolvem em discussões supérfluas, opinam sobre tudo e acabam diluindo sua credibilidade. Por outro lado, o indivíduo que se mantém em silêncio e escolhe suas palavras com cuidado, ganha respeito quando finalmente decide falar.

O verdadeiro poder está na habilidade de escolher quando e como expressar nossos pensamentos. Lembre-se, o silêncio não é apenas a ausência de palavras; é uma ferramenta poderosa para aprimorar nossas interações e construir relações mais significativas. Outra dimensão do poder do silêncio está na sua força intrínseca. Quando desejamos comunicar algo, de fato, importante — algo que exige a atenção e reflexão das pessoas — é crucial entendermos que a constância na fala pode diluir a gravidade de nossas palavras.

Se você é como um papagaio, as pessoas podem ter dificuldade em discernir quando você está compartilhando alguma coisa séria. Um papagaio fala o tempo todo, mas ninguém o leva a sério. Se ele alerta sobre um incêndio, as pessoas não reagem, pois ele sempre está vocalizando sem consideração. Da mesma forma, muitas pessoas enfrentam a frustração de não serem ouvidas ou respeitadas. Isso se deve à sua incapacidade de discernir os momentos em que devem permanecer em silêncio.

Além disso, diria que há outro poder no silêncio; um que ultrapassa até mesmo o da palavra. Imagine a força silenciosa de pais que, ao verem seus filhos discutindo, não precisam dizer nada. Um simples gesto ou expressão facial é suficiente para transmitir a mensagem de que algo está errado e os filhos param imediatamente. Em contrapartida, pais que falam demais sem agir não conseguem impor respeito.

"O SILÊNCIO NOS PROPORCIONA SABEDORIA."

Infelizmente, o silêncio é algo que muitos de nós negligenciamos. No entanto, ficar quieto é essencial para nossa vida espiritual, conforme nos alerta Tiago 1.26: "Se alguém se considera religioso, mas não refreia a sua língua, engana-se a si mesmo. Sua religião não tem valor algum!". A Bíblia também nos lembra de que há um tempo para falar e um tempo para se calar (cf. Eclesiastes 3.7). Entretanto, há um equilíbrio a ser mantido. Em Atos 4.20 somos instruídos a não deixar de "[...] falar do que vimos e ouvimos", em referência à pregação do Evangelho.

Contudo, é necessário prudência. Falar demais pode resultar em descuidos ou mal-entendidos. Sábio é aquele que modera seus lábios e escolhe o silêncio nos momentos adequados. A questão é entender quando é o momento certo para falar e permanecer quieto. É a capacidade de discernir o tempo e o modo apropriados para expressar o que pensamos. A sabedoria não está apenas em reconhecer o poder do silêncio, mas também em saber quando permitir que ele exerça sua influência em nossa vida. Mas quais seriam as situações em que é importante ficarmos em silêncio?

1. QUANDO O QUE TEMOS A DIZER NÃO EDIFICA NINGUÉM E SÓ ALIMENTA NOSSO EGO

Se nossas palavras não contribuirão para o bem dos outros, é melhor nos calarmos. Palavras que emanam preocupações egoístas em vez de amor não devem ser faladas. A arrogância se infiltra quando falamos coisas vaidosas, como alerta 2Pedro 2.18. Ninguém quer saber sobre o seu carro? Não fale a respeito dele. Não perguntaram sobre o seu salário? Não fale nada. A verdadeira humildade consiste em permitir que os outros vejam nosso caráter em vez de tentarmos nos promover a todo momento.

2. QUANDO NOSSAS PALAVRAS TÊM A ÚNICA INTENÇÃO DE NOS PROMOVER

Abandone a autopromoção verbal e permita que as pessoas vejam seus frutos. Há verdade na máxima "quem faz muita propaganda está com dificuldade de vender". É hora de deixar que nossas ações falem por conta própria. Devemos tomar cuidado com a autopromoção e o autoelogio. Pergunte a si mesmo: "Estou edificando alguém além de mim?". Se a resposta for não, fique em silêncio.

3. QUANDO NOSSAS PALAVRAS SÓ SERVEM DE COMBUSTÍVEL PARA DESAVENÇA

Quanto mais você fala, mais ateia fogo? Quando pessoas conversam com você, elas ficam mais nervosas, furiosas e com sede de vingança? Talvez sejam suas palavras jogando lenha. Provérbios 26.20 diz: "Sem lenha a fogueira se apaga; sem o caluniador morre a contenda". Existem pessoas que, infelizmente, fazem questão de ser agentes que perpetuam brigas em famílias ou entre amigos.

Quando as coisas começam a se acalmar, os amigos começam a baixar a guarda e um tempo de paz parece estar chegando, essas pessoas ficam indignadas e criam situações para reacender a contenda. Certas palavras possuem o poder de piorar crises e prolongar desentendimentos além do necessário. Uma briga que poderia durar uma semana pode ser prolongada por anos devido à insistência de terceiros. Não coloque lenha em brigas, discussões e desavenças. Seu silêncio é mais forte do que suas palavras.

4. QUANDO O QUE FALAMOS NÃO É VERDADE

"Pastor, isso é óbvio". Não, não é. Lembre o que mencionei sobre o jogo do telefone sem fio, em que uma conversa mentirosa circula como verdade? Não é uma brincadeira trivial. Sabemos quando estamos blefando, enganando alguém e inventando uma história. Uma verdade manipulada é uma mentira; não existe meia verdade. Quando tentamos embelezar ou diminuir uma situação, estamos mentindo. Construir uma farsa por meio de distorções é prejudicial. Esse tipo de palavra não presta. Não edifica ninguém e não provém de Deus. Pelo contrário, resultará em vergonha e pesar.

É o que está escrito em 1João 2.21: "Não escrevo a vocês porque não conhecem a verdade, mas porque a conhecem e porque nenhuma mentira procede da verdade". Antes de falar algo, considere a fonte da informação. Não saia contando para os outros aquilo que você ouve como verdade. Examine os fatos, ouça os dois lados e tenha um tempo para digerir a questão. Ao abrir a boca para falar o que não é verdade, você se prejudica. Portanto, se não tem certeza se é verdade, não fale nada.

5. QUANDO QUEM TEM DE OUVIR NÃO ESTÁ PRONTO PARA ENTENDER

Se quero contar alguma coisa, mas percebo que a pessoa não conseguirá compreender a situação, devo ficar calado. Em João 16.12, Jesus disse: "Tenho ainda muito que dizer, mas vocês não o podem suportar agora". Ele está basicamente dizendo que, mesmo tendo algo importante para compartilhar, às vezes, é necessário esperar o momento apropriado. Se desejamos contar algo e percebemos que a outra pessoa não está pronta para ouvir, a conversa não contribuirá em nada.

Em vez de esclarecer, só trará peso, desestímulo e dor. Adiantará o quê? Apenas para satisfazer o ego e tirar nossa suposta responsabilidade ao preço de matar e destruir o outro? "Mas, pastor, tenho que contar a verdade". Sim, tem mesmo, mas você também precisa entender que existe um tempo para falar e um para se calar. Não é porque estamos ansiosos para contar algo que devemos falar imediatamente. Se há respeito e amor, precisamos preparar o ambiente e ter empatia para dizer a verdade no momento certo e da forma adequada.

6. QUANDO NOSSAS PALAVRAS NÃO TÊM QUALQUER VALIA

Há momentos em que falar não adianta nada. Quando insistimos em explicar o que não precisa ser explicado ou ressuscitar assuntos que já morreram, estamos "enchendo linguiça". Se defender nosso ponto de vista ou ponderar sobre uma questão não fará diferença porque a outra pessoa não quer ouvir, precisamos reconhecer a inutilidade de continuar. Muitas pessoas estão perdendo tempo falando com gente que não quer ouvir. O sujeito diz que não quer saber de determinado assunto, mas estão martelando no mesmo ponto. Jesus guardou o silêncio diante de seus algozes. Não adiantava conversar com Pilatos como também não adiantava brigar com o povo que escolheu Barrabás.

Em Mateus 26.63, está escrito: "Mas Jesus permaneceu em silêncio. O sumo sacerdote lhe disse: 'Exijo que você jure pelo Deus vivo: se você é o Cristo, o Filho de Deus, diga-nos'". O que adianta se justificar se a pessoa acredita que você é culpado? Quando percebo que minhas palavras não surtirão efeito nenhum, é melhor ficar quieto. Muitas pessoas gastam energia falando coisas sem serventia, apenas para serem ouvidas. Lembre-se, às vezes, as pessoas não estão nem aí para nós. Por algum motivo misterioso, temos uma necessidade de nos justificar, mas quem nos justifica é Deus. A opinião de ninguém a nosso respeito muda nosso destino. Contudo, a sua opinião sobre você mesmo pode mudar completamente o rumo da sua vida.

7. QUANDO NOSSAS PALAVRAS NÃO ESTÃO TEMPERADAS COM AMOR

Podemos ter toda a razão do mundo, mas ninguém nos ouvirá se não tivermos amor em nossas palavras.

Mais importante do que o que falamos é a maneira como falamos. Não pense que as pessoas só interpretarão o que você está dizendo pela quantidade de palavras que usa. A forma como você se expressa comunica tanto quanto, ou até mais. O rosto, os olhos, o ritmo e a intensidade da fala desempenham papéis importantes na transmissão da mensagem. Se falamos baixo ou alto, se gritamos e gesticulamos os braços, em pé ou sentados — tudo comunica alguma coisa.

Algumas pessoas frequentemente dizem: "Nossa, disse uma coisa com uma intenção e entenderam outra", "Estava brincando e levaram a sério" ou "Estava falando sério e levaram na brincadeira". Outras afirmam: "Sempre saio como errado quando falo". É claro, não prestam atenção no modo como falam. Em suas cabeças, tudo está claro, mas na hora de expor o que pensam, não conseguem se expressar bem. A outra pessoa tem que decodificar palavras e montar um quebra-cabeça do que está sendo dito para que faça sentido.

É por isso que muitas vezes ouvimos pessoas reclamando: "Sempre saio como o vilão. Está na cara o que estou dizendo". Pode até ser que o que você esteja falando seja verdadeiro, mas as pessoas estão rejeitando pela forma como o conteúdo está sendo passado. Tempere suas palavras com amor. Quando não conseguir fazer isso, especialmente se estiver tomado de raiva, fique quieto.

Imagine quantos assuntos importantes em nossa família, casamento e vida profissional poderiam ser diferentes se falássemos da maneira correta. Muitas vezes, agimos de modo impulsivo — despejamos palavras sem cuidado, viramos as costas e ainda dizemos: “Entenda como quiser”. No fundo, queremos que o outro entenda algo que não deixamos claro. É como um professor que dá a matéria pela metade e aplica uma prova cobrando tudo.

Como mencionado em Provérbios 15.1: “A resposta calma desvia a fúria, mas a palavra ríspida desperta a ira”. Os ouvintes não prestarão atenção em você se a forma como você está falando não for adequada. Antes de escutar as suas palavras, eles perceberão como você os trata ao falar. Darei um exemplo: não gosto quando alguém, ao conversar comigo, não olha em meus olhos. Quando a pessoa evita o contato visual, parece desinteressada ou desonesta.

Imagine uma roda em que uma pessoa, enquanto fala, olha para um, depois para outro, mas pula alguém com o olhar. O que ela comunica ao fazer isso? Que nem todos ali importam. Se tenho duas pessoas na minha frente durante uma conversa, procuro dividir meu olhar entre elas. Olho um pouco para uma e um pouco para a outra. Por quê? Simples, quando olhamos nos olhos, incluímos o outro. Comunicamos, de maneira não verbal, que essa pessoa é importante para nós.

8. QUANDO NOSSO FALAR ENCOBRE O FALAR DO SENHOR

Ao falar demais, podemos encobrir o que o Senhor disse. O Reino de Deus é simples, objetivo e claro. No entanto, algumas pessoas criam tantas regras que acabam obscurecendo os ensinamentos de Jesus. O que deveria ser fácil de entender se torna complicado por conta de mitos e pesos desnecessários. Por exemplo, existem mitos sobre batismo e esferas espirituais. Algumas tradições impõem fardos e criam intermediários entre o homem e Deus. Contudo, a Bíblia nos ensina que o véu foi rasgado para que todo homem tenha acesso livre ao Pai. O discurso humano não deve encobrir a voz do Senhor. Em 1Coríntios 1.17, Paulo escreveu: "Pois Cristo não me enviou para batizar, mas para pregar o evangelho, não porém com palavras de sabedoria humana, para que a cruz de Cristo não seja esvaziada".

São minhas palavras que devem se alinhar à Bíblia, não o contrário. Quando o que falamos traz peso e confusão, é melhor ficar em silêncio. Afinal pregar um evangelho confuso não beneficia ninguém. Se não tenho certeza do que estou falando e não conheço a fundo o que as Escrituras Sagradas dizem sobre um assunto, é melhor não pregar sobre ele. Podemos afastar alguém da presença de Deus por conta de nossos achismos. Falar sem conhecimento pode colocar um peso sobre a pessoa e levá-la a aceitar como verdade absoluta algo que, na realidade, é uma bobagem. Portanto, quando sua fala encobrir e esconder a voz do Senhor, é hora de se calar.

O poder do silêncio jamais deveria ser subestimado. Ele nos protege de dizer coisas das quais podemos nos arrepender mais tarde e nos permite compreender melhor o mundo à nossa volta, sem a interferência de nossos próprios pensamentos e preconceitos. Em momentos de conflito, uma pausa pode desarmar a tensão e abrir espaço para uma resolução pacífica. Em situações de dor ou sofrimento, estar presente, sem dizer nada, pode oferecer mais conforto do que qualquer palavra. Procure refletir antes de comunicar algo, dê a você tempo para considerar o que quer dizer.

Precisamos levar a sério tudo o que falamos; afinal temos o poder de construir ou destruir, edificar ou desmoronar. Nossas palavras são como sementes lançadas ao vento, com o potencial de germinar e crescer, além de influenciar a vida dos outros de maneiras que muitas vezes não podemos prever. Portanto, ao invés de cair na armadilha de falar impulsivamente, seja sábio e permaneça em silêncio. Lembre-se do que a Bíblia declara em Provérbios 21.23, NAA: "Quem guarda a boca e a língua guarda a sua alma de muitas dificuldades".

Se este livro edificou você, mande-me um *direct* no Instagram @diegonmenin ou escaneie o QR code abaixo:

DIEGO MENIN

Esta obra foi composta em *Inria Serif* e *TT Berlinerins*
e impressa por Gráfica Expressão e Arte sobre papel
Offset 90 g/m^2 para Editora Vida.